Mosaik bei
GOLDMANN

Buch

In unserem Wegwerfzeitalter ist es mehr als erfrischend, auch mal selbst etwas zu reparieren. Und so nützlich! Es befriedigt einfach ungemein, wenn man Dinge wieder instand setzen kann, die andere für kaputt halten und wegwerfen wollen. Abgesehen davon ist es ökologischer und auch billiger. Aber dieses Buch ist kein komplizierter Heimwerkerkatalog, sondern einfach ein witziger und wirklich praktischer Leitfaden für beiderlei Geschlecht: Wenn der unersetzbare Trageriemen der Handtasche reißt oder der Lieblingspulli beim Waschen auf Zwergengröße zusammengeschrumpft ist. Wenn das Mobiltelefon keinen Pieps mehr von sich gibt, der Küchenstuhl wackelt oder die Fahrradbremse ersetzt werden muss. Dann kann man hier Rat suchen, um dem Problem mit allerlei Tipps und Tricks zu Leibe zu rücken. Außerdem werden Einzelheiten zu benötigten Werkzeugen, Materialien und Methoden geliefert, ob für eine Übergangslösung oder für eine dauerhafte Reparatur. So ist man für 108 Fälle gut gerüstet.

Autor

Nick Harper ist Journalist und arbeitet unter anderem für den »Guardian«, »FHM« und »Men's Health«.

Nick Harper

Reparier mich!

Erste Hilfe für Handy, Schuh und Co.
108 praktische Reparaturtipps

Aus dem Englischen
von Susanne Lötscher

Mosaik bei
GOLDMANN

Alle Ratschläge in diesem Buch wurden vom Autor und vom Verlag sorgfältig erwogen und geprüft. Eine Garantie kann dennoch nicht übernommen werden. Eine Haftung des Autors beziehungsweise des Verlags und seiner Beauftragten für Personen-, Sach- und Vermögensschäden ist daher ausgeschlossen.

MIX
Papier aus verantwortungsvollen Quellen
FSC® C014496

Verlagsgruppe Random House FSC-DEU-0100
Das für dieses Buch verwendete FSC®-zertifizierte Papier *Classic 95*
liefert Stora Enso, Finnland.

1. Auflage
Deutsche Erstausgabe März 2011
Wilhelm Goldmann Verlag, München,
in der Verlagsgruppe Random House GmbH
© 2010 der deutschsprachigen Ausgabe
Wilhelm Goldmann Verlag, München
© 2009 Nick Harper
Originaltitel: If It's Broke, Fix It. How to mend everyday stuff
Originalverlag: Michael O'Mara Books Limited, London
Umschlaggestaltung: Uno Werbeagentur, München
Umschlagillustration: FinePic®, München
Illustrationen: © 2009 David Woodroffe
Redaktion: Wiebke Rossa
Satz: Uhl + Massopust, Aalen
Druck und Bindung: GGP Media GmbH, Pößneck
CB · Herstellung: IH
Printed in Germany
ISBN 978-3-442-17219-1

www.mosaik-goldmann.de

Inhalt

Für Sarah, Lou und Jim

Einführung

Früher, in der guten alten Zeit, wurden Dinge noch ordentlich gemacht und voller Stolz zusammengebaut. Aber heute wird praktisch alles (wahrscheinlich) von Robotern auf Fließbändern montiert, und wenn Sie Glück haben, hält das Ganze ein halbes Jahr, bevor es kaputtgeht und den Dienst verweigert. Aber beschweren tun Sie sich nicht, oder? Nein, Sie werfen das Ding einfach weg und kaufen sich ein neues. Wenn das nach einem halben Jahr ebenfalls seinen Geist aufgibt, werfen Sie es ebenfalls weg und kaufen wieder ein neues. Wenn das dann kaputt geht, setzt sich der traurige Kreislauf fort: Der Hersteller wird immer reicher, Sie werden immer ärmer, und die ohnehin schon riesigen Müllberge werden noch höher; einfach schrecklich!

Manche Menschen machen es anders: Sie holen jemanden, der den Gegenstand repariert und ihnen dafür Unsummen Geld abknöpft. Aber es gibt eine einfache Alternative: Wenn das nächste Mal wieder ein Haushaltsgerät kaputtgeht (und das wird es mit Sicherheit), nehmen Sie sich einfach vor, es selbst in Ordnung zu bringen. Es geht nicht um komplizierte Reparaturen, die Sie das Leben kosten könnten, wie den Heizkessel auseinanderzunehmen oder irgendwelche kniffligen Kabelarbeiten im Haus – so etwas überlassen Sie besser einem Fachmann. Ich rede hier von den einfachen Dingen des Lebens: einem tropfenden Wasserhahn, zerrissenen Hosen, Problemen mit der Fahrradbremse – einfache Dinge, die jeder von uns mit einem kleinen Werkzeugkasten, ein bisschen gesundem Menschenverstand und verständlichen Anleitungen in Ordnung bringen könnte.

Reparier mich! kann Ihnen keine Werkzeuge zur Verfügung stellen oder Ihnen gesunden Menschenverstand verleihen, aber es kann Ihnen für fast alles klare Anweisungen geben. Blättern Sie einfach weiter, und in null Komma nichts ist Hilfe zur Hand...

Werkzeug-Grundausstattung

Bohrer: Ermöglicht das Bohren von unterschiedlich großen Löchern in Holz und dergleichen. Elektrobohrer bekommen Sie preisgünstig in Baumärkten.

Bügelsäge: Fein gezahnte Handsäge, mit der Sie jedes beliebige Material sägen und zerkleinern können.

Feile: Werkzeug, mit dem man Werkstoffe auf die gewünschte Größe zufeilt. In den meisten Fällen sollte eine einfache Handfeile genügen.

Hammer: Unentbehrliches Schlagwerkzeug, mit dem Sie Nägel in Holz oder Stein schlagen können.

Inbusschlüssel: Schraubenschlüssel zum Lösen/Anziehen von Innensechskantschrauben.

Meißel: Handwerkzeug mit keilartiger Schneide zur Metall- und Holzbearbeitung.

Nadel und Faden: Tragen Sie stets ein kleines Nähset bei sich. Sie werden sich wundern, wie oft Sie es brauchen.

Nägel: Sie sollten immer Nägel in verschiedenen Längen und Ausführungen vorrätig haben.

Sandpapier: Schleifpapier zum Glätten von Oberflächen. Erhältlich in unterschiedlichen Körnungen (Abriebgraden). Kaufen Sie Sandpapier vorsorglich in mehreren verschiedenen Körnungen.

Saugglocke: Kurzer Holzstock, an dessen Ende eine

Gummiglocke montiert ist. Zur Beseitigung von Verstopfungen in Waschbecken und Toiletten.

Schrauben: Da es sie in vielen Größen, Formen, Materialien und Ausführungen gibt, sollten Sie sich eine gute Auswahl mit unterschiedlichen Kopfgrößen zulegen, die vielseitig einsetzbar ist.

Schraubendreher: Werkzeug zum Lösen/Anziehen von Schrauben. Es gibt ihn mit unterschiedlichen Schraubköpfen, doch die nützlichsten sind Flachkopf- und Kreuzschlitzschrauber.

Schraubenschlüssel: Mit diesem Handwerkzeug lassen sich Muttern und die dazugehörigen Schrauben mühelos anziehen und lösen. Kaufen Sie ein Set mit unterschiedlichen Schlüsselweiten, damit Sie für alle Reparaturarbeiten gerüstet sind.

Schraubstock: Eine mechanische Vorrichtung, in die Sie Gegenstände (zum Beispiel aus Holz) einspannen und fixieren können, während Sie sie bearbeiten.

Teppichmesser: Auch bekannt als Cutter. Geben Sie beim Schneiden Obacht, denn die austauschbare Klinge ist fürchterlich scharf.

Wasserwaage: Dieses Gerät zeigt an, ob Oberflächen eben sind. Besonders geeignet zum Ausgleichen wackliger Tische und Regale.

Zange: Elegantes kleines Handwerkzeug, mit dem man Gegenstände zusammenzwicken und festhalten, Drähte abschneiden und Dinge zurechtbiegen kann – Gripzangen sind für kleinere Reparaturen am besten geeignet.

TEIL 1

DEN SCHEIN WAHREN

Man sagt, das Image einer Person sei das Wichtigste. Daher ist es gesellschaftlich inakzeptabel, in der Arbeit oder bei einem öffentlichen Anlass mit Schuhen aufzukreuzen, bei denen ein Absatz abgebrochen ist, oder einen in der Wäsche eingelaufenen Zwergenpullover zu tragen. Genausowenig gehört es sich, in ausgefranster, zerrissener oder mottenzerfressener Kleidung und Strumpfhosen mit Laufmaschen auf die Straße zu gehen oder gar ein Hemd oder eine Bluse mit Blut- oder Ketchupflecken zu tragen. Nein, nein, nein!

Wir stellen die Regeln zwar nicht auf, aber sie sind nun einmal da, und wir alle müssen uns mit ihnen abfinden. Damit Sie mit Ihrer Kleidung stets den richtigen Eindruck machen, beginnen wir mit ein paar grundlegenden Tipps, wie Sie den Schein wahren können.

So reparieren Sie ein Loch im Schuh

Wenn Sie Wasser im Schuh haben und es bei jedem Schritt ein schmatzendes Geräusch gibt, hat die Sohle wahrscheinlich ein Loch, das geflickt werden muss. Sie haben zwei Möglichkeiten, je nachdem, um was für einen Schuh es sich handelt.

Möglichkeit 1: Das Loch ist so groß, dass Sie den Finger hindurchstecken können. Schneiden Sie sich einen Streifen Klebeband zurecht und überkleben Sie damit das Loch an der Schuhinnen- und Schuhaußenseite. Klebeband ist wasserdicht und hält das Wasser ab; wenn Sie die Sohle stabilisieren müssen, kleben Sie einfach noch mehr Streifen darüber. Das ist nur eine provisorische Reparatur, damit Sie bis nach Hause kommen. Später können Sie den Schuh neu besohlen lassen – denn darum kommen Sie nun nicht mehr herum. (Näheres dazu auf Seite 19).

Möglichkeit 2: Wenn die Sohle undicht ist, ohne dass man ein richtiges Loch entdecken kann, lassen wahrscheinlich ein oder mehrere Risse Wasser durch. Das passiert, wenn in der Fabrik schlampig gearbeitet wurde oder Sie die Schuhe buchstäblich in Grund und Boden gelaufen haben. In beiden Fällen können Sie die Risse leicht schließen. Kaufen Sie eine Tube extrastarken wasserfesten Kleber oder Schuhreparaturpaste, biegen Sie dann die Schuhsohle vorsichtig hin und her, bis sich Rissspuren zeigen. Wenn Sie den Riss (oder die Risse) gefunden haben, geben Sie einen großen Klecks Kleber hinein, wischen Überschüssiges ab und drücken die Sohle so lange zusammen, bis der Kleber getrocknet ist. Jetzt müsste Ihr Schuh wieder wasserdicht sein.

So besohlen Sie Schuhe neu

Dies erfordert Konzentration, denn hier müssen Sie eine schadhafte Sohle mit einem Messer herunter- reißen und sie durch eine neue Sohle ersetzen, die Sie vorher gekauft haben. Sie sollten das nur dann machen, wenn die Sohle wirklich durchgelaufen ist. Wenn Sie also eine Ersatzsohle haben, die von der Größe und Art her passt – so etwas bekommen Sie in allen guten Schuhgeschäften –, dann führen Sie die folgenden recht einfachen Schritte durch...

Schritt 1: Entfernen Sie alle Schmutzreste von der alten Sohle, und achten Sie darauf, dass sie ganz trocken ist. Schneiden Sie dann mit einem Teppich- messer die schadhafte Sohle **ganz vorsichtig** ab – entweder komplett, wenn es sich um einen Turnschuh handelt, andernfalls nur bis zum Absatz. Danach säu- bern Sie die freigelegte Fläche mit Schleifpapier von alten Klebstoffresten und rauen sie auf. Rauen Sie anschließend auch die Oberfläche der Ersatzsohle auf. Dadurch halten die Flächen besser zusammen, wenn Sie die neue Sohle aufkleben.

Schritt 2: Falls die neue Sohle nicht selbstklebend ist, müssen Sie reichlich Schuhreparaturpaste auf Schuhunterseite und neue Sohle verteilen. Legen Sie die beiden Teile genau aufeinander, und drücken Sie sie fest zusammen. Sobald sie haften bleiben, ziehen Sie den Schuh an und bleiben eine Zeit lang mit dem Fuß fest auf dem Boden stehen, damit die Sohle gut ankleben kann.

Kleinere Reparaturen

Falls die Sohle sich lediglich abgelöst hat und sich wieder ankleben lässt, ziehen Sie sie vorsichtig so weit zurück, bis Sie einen großen Klecks Schuhreparaturpaste in den Spalt geben können. Drücken Sie die beiden Teile zusammen, wischen Sie überschüssige herausquellende Paste ab, und beschweren Sie den Schuh anschließend, damit die Paste beide Teile fest verbinden kann. Tragen Sie den Schuh erst dann wieder, wenn die Paste vollständig getrocknet ist.

Schritt 3: Falls die neue Sohle nicht exakt die gleiche Größe wie der Schuh hat, müssen Sie sie zurechtschneiden. Schneiden Sie mit dem Teppichmesser

vorsichtig etwaige überstehende Kanten ab, und feilen oder schleifen Sie die Ränder abschließend noch
einmal zurecht. Gehen Sie, falls erforderlich, beim
anderen Schuh genauso vor. Falls auch neue Absätze
fällig sind, dann lesen Sie weiter.

So befestigen Sie einen abgebrochenen Absatz (an einem flachen Herrenschuh)

Das ist wirklich ganz einfach. So einfach, dass die
bloße Erwähnung fast schon eine Beleidigung ist,
aber Ihr Schuh ist nun einmal ruiniert, und Sie müssen ihn reparieren. Falls der Absatz wirklich nicht
mehr zu gebrauchen ist, müssen Sie im Schuhge-
schäft einen neuen kaufen. Hat er sich nur gelockert,
ist ansonsten aber noch gut in Schuss, können Sie
ihn wieder befestigen.

Schritt 1: Trennen Sie den losen Absatz vorsichtig
vom Schuh, oder hebeln Sie ihn falls nötig mit einem
Messer ab. Entfernen Sie Reste von altem Kleber von
der Schuhunterseite, und rauen Sie diese etwas an.
Wiederholen Sie dasselbe am Absatz: Entfernen Sie
auch hier Kleberrückstände, und rauen Sie die Oberfläche etwas auf, damit die beiden Teile nachher besser zusammenkleben.

Schritt 2: Tragen Sie einen wasserfesten extrastarken Kleber auf die freigelegte Schuhsohle und den neuen Absatz (oder den noch brauchbaren Originalabsatz) auf, drücken Sie die beiden Teile fest zusammen, bis der Kleber gut hält. Ziehen Sie dann den Schuh an und bleiben Sie mit dem Fuß fest auf dem Boden stehen, damit die Teile besser zusammenkleben. Sobald der Kleber richtig getrocknet ist, sollten Sie zur Sicherheit ein paar Schuhnägel an der Außenkante des Absatzes anbringen. Achten Sie dabei aber darauf, dass Sie die Nägel durch die Absatzkante in den Schuh einschlagen, nicht durch den Absatz ins Schuhinnere. Sonst gibt es blutende Füße und tränende Augen.

Schritt 3: Das war es auch schon. Es gibt eigentlich keinen weiteren Schritt, einmal abgesehen von dem guten Rat, mit dem anderen Schuh ebenso zu verfahren, damit die Absätze zusammenpassen. Aber das bleibt ganz allein Ihnen überlassen – und ist bei einem guten Absatz, der sich lediglich gelöst hat, auch völlig unnötig.

So befestigen Sie einen abgebrochenen Absatz (an einem schmalen, hohen Damenschuh)

Selbst bei den ausgefallensten, teuersten Schuhen kann einmal der Absatz abbrechen, sodass Sie unter Umständen äußerst undamenhaft auf dem Boden landen. Zum Glück gibt es Soforthilfe. Wie Sie dabei vorgehen, hängt jedoch von dem entstandenen Schaden und von Ihrer Umgebung ab.

Wenn der Absatz unterwegs kaputtgeht
Einige besonders vorausschauende Damen haben immer eine Tube extrastarken Schuhkleber dabei, sodass sie den Schuh im Notfall schnell reparieren können. Das ist zwar keine Dauerlösung, aber damit kommen Sie wenigstens immer ans Ziel. Ist der Absatz abgebrochen oder baumelt nur noch am Schuh, entscheidet die Machart des Schuhs darüber, wie Sie ihn wieder befestigen.

Möglichkeit 1: Ist der Absatz einfach nur festgeklebt, säubern Sie ihn und entfernen etwaige Klebstoffreste. Verteilen Sie dann auf Absatz und Sohle großzügig neuen Kleber, und drücken Sie beide Teile so lange fest zusammen, bis der Kleber richtig getrocknet ist. Dann können Sie den Schuh wieder anziehen und Ihren Weg fortsetzen.

Möglichkeit 2: Wurde der Absatz mit Kleber und mehreren kleinen Schuhnägeln an der Sohle befestigt, die allesamt noch in Ordnung sind, dann bestreichen Sie die Nagelköpfe mit Kleber und stecken sie wieder in die jeweils vorgesehene Öffnung im Absatz (siehe Abbildung). Drücken Sie Absatz und Sohle fest zusammen, bis der Kleber getrocknet ist, und dann können Sie Ihrer Wege gehen.

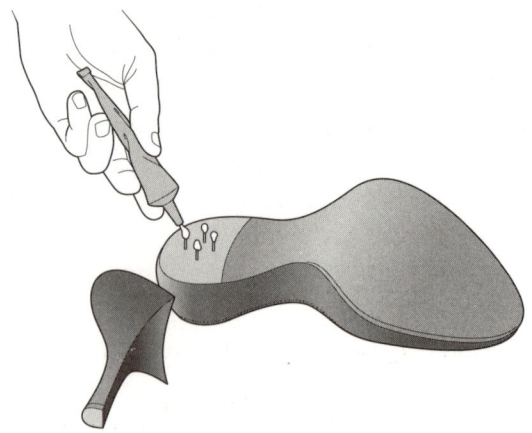

Möglichkeit 3: Ist der Absatz durchgebrochen, kleben Sie die beiden Teile wieder zusammen und versuchen Ihr Glück. Die Stabilität des Schuhs ist nun aber erheblich beeinträchtigt, und es wird nicht lange dauern, bis der Absatz erneut kaputtgeht. Besser wäre es, Sie ziehen die Schuhe aus und fahren mit dem Taxi nach Hause oder zum nächsten Reparaturservice.

Warnung!

Falls der Absatz Ihres Schuhs an mehr als einer Stelle kaputtgeht, ist eine echte Schnellreparatur nicht mehr möglich. Die beste Lösung wäre, einen ganz neuen Absatz anzubringen, was bedeuten kann, dass auch der Absatz am anderen Schuh durch ein passendes Gegenstück ersetzt werden muss. Diese Arbeit überlassen Sie am besten einem professionellen Schuster.

Der Absatz eines neuen Schuhs dürfte natürlich nicht so leicht abbrechen. Sollte dies dennoch passieren und Sie haben die Kaufquittung noch, dann bringen Sie den Schuh dorthin zurück, wo Sie ihn gekauft haben, und verlangen Sie Ersatz oder Ihr Geld zurück.

Wenn der Absatz zu Hause oder im Büro kaputtgeht

Die Technik ist dieselbe, wie oben im Detail beschrieben, aber hier könnten (und sollten) Sie die Gelegenheit für eine gründlichere Reparatur nutzen. Dazu brauchen Sie wieder eine Tube extrastarken Schuhkleber, mit dem Sie Absatz und Sohle zusammenkleben. Doch bevor Sie den Kleber auftragen, vergewissern Sie sich, dass beide Flächen trocken sind und sich keine alten Kleberreste mehr darauf befinden. Schmirgeln Sie die betroffenen Stellen vorsichtig ab, damit sie beim Zusammenkleben besser haften. Da es sich um einen schmalen, hohen Absatz handelt, müssen Sie ihn mindestens 24 Stunden lang fest andrücken, wenn das Ganze Erfolg haben soll. Deshalb rate ich Ihnen zum kreativen Einsatz eines Gummibands oder einer Kordel, um die beiden Teile zu fixieren. War der Absatz mit Kleber und Nägeln befestigt, müssen Sie die alten Nägel natürlich herausziehen und neue in die bereits vorhandenen Löcher stecken, bevor Sie das Gummiband oder die Kordel anbringen.

So retten Sie eingelaufene Kleidungsstücke

Bevor Sie die Anleitung lesen, möchte ich Sie warnen: Nicht jedes Kleidungsstück lässt sich retten. Bei empfindlichem Material wie Seide oder feiner Baumwolle wird es schwierig; handelt es sich jedoch um einen robusteren Pulli aus Wolle oder Baumwolle, der bei zu heißer Wäsche eingelaufen ist, könnten Sie Glück haben.

Schritt 1: Weichen Sie das Kleidungsstück im Waschbecken eine Viertelstunde in warmem Wasser ein.

Schritt 2: Nehmen Sie es heraus, drücken Sie es aus und betupfen Sie es dann so lange mit einem Handtuch, bis es feucht ist – nicht nass, auch nicht trocken, sondern nur feucht.

Schritt 3: Legen Sie das Kleidungsstück anschließend – und das ist das Entscheidende – flach auf eine Unterlage, und dehnen Sie es ganz vorsichtig, bis es wieder annähernd seine ursprüngliche Form hat. Wenn das Kleidungsstück auf Babygröße geschrumpft ist, funktioniert diese Methode vermutlich nicht mehr, aber es ist Ihre letzte Rettung.

Anmerkung: Es gibt noch eine weitere Möglichkeit. Hängen Sie das Kleidungsstück auf einen Kleiderbügel, und lassen Sie es vom Gewicht der Feuchtigkeit in Form ziehen. Allerdings haben Sie bei dieser Alternative weniger Einfluss auf die Form des Kleidungsstücks. Es kommt also wirklich darauf an, wie verzweifelt Sie sind.

So retten Sie verfärbte weiße Kleidung

Eine einzelne rote Socke in einer Trommel mit weißer Wäsche kann alles ruinieren, sodass all Ihre weißen Kleidungsstücke nach dem Waschgang schweinchenrosa sind. Werfen Sie nicht gleich alles in den Müll, es gibt einen rettenden Strohhalm…

Warnung!

Wenden Sie diesen Rettungsversuch nicht bei Kleidungsstücken aus Seide, Elasthan oder Wolle an. Sie sind danach ruiniert.

Schritt 1: Tauchen Sie die betreffenden Textilien in eine Wanne mit kaltem Wasser, und fügen Sie eine oder zwei Verschlusskappen Bleichmittel hinzu.

Schritt 2: Lassen Sie das Bleichmittel fünf bis zehn Minuten einwirken, und spülen Sie die Textilien dann mit kaltem Wasser aus.

Schritt 3: Waschen Sie die Kleidungsstücke ganz normal. Vergewissern Sie sich vorher, dass die rote Socke nicht mehr in der Trommel liegt, und drücken Sie die Daumen!

So entfernen Sie Flecken aus Kleidungsstücken

Sechs Grundregeln zur Fleckentfernung

1. Die besten Ergebnisse erzielen Sie, wenn Sie den Fleck so schnell wie möglich entfernen, möglichst bevor er eingetrocknet ist.

2. Bevor Sie einen Fleck entfernen, sollten Sie immer zuerst die Pflegeanleitung durchlesen und sie dann genau befolgen. Fehlen Warnhinweise auf dem betreffenden Kleidungsstück, so versuchen Sie es mit Regel Nummer drei an einer unsichtbaren Stelle – normalerweise ist die Innenseite des Rückenteils dafür am besten geeignet.

3. Es ist besser, den Fleck zu betupfen, statt ihn durch heftiges Reiben zu verschmieren und damit das Gewebe zu beschädigen. Damit sich der Fleck nicht ausbreitet, sollten Sie außerdem immer von außen nach innen vorgehen.

4. Bügeln Sie die Stelle erst, wenn der Fleck ganz beseitigt ist. Durch Hitze brennt er ein und lässt sich dann viel schwerer entfernen.

5. Kleidung aus Seide, Elasthan und Wolle sollten Sie niemals bleichen – die dabei entstehenden Schäden sind irreparabel.

6. Nachdem Sie Ihre Kleidungsstücke wie oben beschrieben behandelt haben, waschen Sie sie gründlich wie gewohnt, damit keine Fleckentfernerreste zurückbleiben.

Verschiedene Arten von Flecken...

Tinte: Hier hilft ein Spritzer Reinigungsalkohol, den Sie möglichst schnell mit einem weichen, sauberen Tuch auftragen. Waschen Sie das Kleidungsstück anschließend wie gewohnt.

Kaugummi: Diese Methode hilft nur bei Jeans – wenden Sie sie niemals bei empfindlichen Geweben an (die müssen Sie leider chemisch reinigen lassen). Kaugummi dürfen Sie nie herunterziehen oder abkratzen, sonst breitet sich der Fleck weiter aus. Frieren Sie ihn stattdessen mit einem Eiswürfel ein, oder legen Sie das betreffende Kleidungsstück in einer Plastiktüte ein paar Stunden ins Gefrierfach.

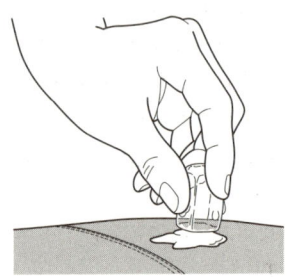

Wenn der Kaugummi gefroren ist, heben Sie ihn vorsichtig mit einem stumpfen Messer ab. Unansehnliche Rückstände, die sich auf diese Weise nicht beseitigen lassen, entfernen Sie mit etwas Lösungsmittel auf Alkoholbasis.

Wein: Betupfen Sie den Fleck mit kaltem Wasser (niemals mit heißem, sonst bleibt er drin), streuen Sie anschließend Salz darauf und beobachten Sie, wie es die Farbe aufsaugt. Spülen Sie die Stelle mit kaltem Wasser aus, und tragen Sie Reinigungsalkohol auf. Waschen Sie das Kleidungsstück anschließend wie gewohnt. (Diese Methode eignet sich auch für Kaffee- und die meisten Tomatenflecken.)

Ketchup und Senf: Kratzen Sie Überschüssiges vorsichtig mit einem stumpfen Messer ab, und spülen Sie das Kleidungsstück mit kalter, schäumender Seifenlauge (Feinwaschmittel) aus. Unter kaltem Wasser ausspülen, dann wie gewohnt waschen.

Fett: Kratzen Sie Reste mit einem stumpfen Messer ab und legen Sie das Kleidungsstück mit dem Fleck nach unten auf ein Papiertuch, das einen Teil des Fetts aufsaugen soll. Geben Sie dann auf die Fleckrückseite ein bisschen Geschirrspülmittel, und schäumen Sie es mit dem Finger leicht auf. Waschen Sie das Kleidungsstück zum Schluss mit der höchstzulässigen Temperatur.

Blut: Spülen Sie einen frischen Blutfleck mit kaltem Wasser aus, solange er noch feucht ist. Bei bereits getrocknetem Blut weichen Sie das Kleidungsstück über Nacht in Salzwasser und am folgenden Tag in Wasser mit einem Schuss Ammoniak ein. Anschließend wie gewohnt waschen.

Schokolade: Kratzen Sie möglichst viel Schokolade mit einem stumpfen Messer ab, und achten Sie dabei darauf, dass sie nicht weiter ins Gewebe eindringt. Spülen Sie den Fleck dann von der Rückseite gründlich mit kaltem Wasser aus (am besten mit kohlensäurehaltigem Mineralwasser). Verreiben Sie anschließend einen Tropfen Flüssigwaschmittel darauf, lassen Sie es fünf bis zehn Minuten einwirken, und weichen Sie das Kleidungsstück dann eine Viertelstunde in kaltem Wasser ein. Kontrollieren Sie den Fleck, und wiederholen Sie den Vorgang, falls erforderlich, bis die Schokolade weich wird, sich ablöst und dann komplett verschwindet. Handelt es sich um einen hartnäckigen Fleck, geben Sie – bei Milchschokolade – einen Schuss Ammoniak zur Waschlauge oder – bei dunkler Schokolade – zwei Esslöffel Weißweinessig und spülen das Kleidungsstück noch einmal aus. Dann wie gewohnt waschen.

Lippenstift: Falls Sie rasch Haushaltspapier zur Hand haben, feuchten Sie es an und betupfen Sie den Fleck damit. Das sollte ihn schon deutlich verringern. Reiben Sie den Fleck anschließend mit Vaseline ein, und waschen Sie die Stelle in heißem Seifenwasser, bis der Fleck ganz verschwunden ist. Ist der Abdruck bereits angetrocknet, betupfen Sie den Fleck zuerst mit kaltem Wasser und entfernen Rückstände dann mit einem in Ammoniak getränkten Wattestäbchen.

Tee und Kaffee: Bereiten Sie eine Mischung aus einem Teelöffel Weißweinessig und einem Liter kaltem Wasser zu, besprühen Sie damit den Fleck und betupfen ihn. Dadurch sollte er aufweichen und verschwinden. Danach das Kleidungsstück wie gewohnt waschen.

Gras: Betupfen Sie die betroffene Stelle vorsichtig mit Reinigungsalkohol, und waschen Sie das Kleidungsstück anschließend wie gewohnt. Statt Reinigungsalkohol können Sie vor dem Waschen auch einen Spritzer Geschirrspülmittel auf den Fleck geben und 15 Minuten einwirken lassen.

Schlamm: Wenn Sie den Schlamm trocknen lassen, lässt er sich weitgehend abbürsten. Wenn Sie ihn in nassem Zustand entfernen wollen, verschmieren Sie ihn bloß überall. Man kann einen Schlammfleck natürlich mit Spülmittel entfernen, aber besser und einfallsreicher ist die Kartoffelmethode: Schneiden Sie eine rohe Kartoffel auf, reiben Sie den Fleck mit der stärkehaltigen Schnittseite ein, weichen Sie das Kleidungsstück anschließend eine Stunde lang in kaltem

Wasser ein und waschen Sie es dann wie gewohnt. Die Kartoffel sollten Sie danach nicht mehr essen. Falls doch, bürsten Sie den Dreck vorher ab!

Obst: Eine lästige Sache, denn die Fruchtsäure kann das Gewebe zerfressen. Streuen Sie deshalb schnell Salz auf den Fleck, und spülen Sie die Stelle anschließend mit kaltem Wasser aus. Waschen Sie das Kleidungsstück mit einem Flüssigwaschmittel, das Wasserstoffperoxid enthält.

Permanentmarker: Hier sagt der Name bereits alles, deshalb funktioniert der folgende Tipp möglicherweise nicht, aber einen Versuch ist er wert, statt das Kleidungsstück gleich in den Müll zu werfen. Spülen Sie den Fleck mit kaltem Wasser aus, bis das Wasser klar ist. Legen Sie dann ein Stück Haushaltspapier unter den Fleck, gießen Sie reichlich Reinigungsalkohol darüber, und betupfen Sie ihn mit einem weichen Tuch. Wenn der Alkohol einwirkt, sollte das Haushaltspapier die Farbe aufsaugen. Sobald es sich vollgesaugt hat, nehmen Sie ein neues Papier. Kommt keine Tinte mehr heraus, waschen Sie das Kleidungsstück bei der höchstzulässigen Temperatur (siehe Etikett). Geben Sie einen Schuss Ammoniak oder farbschonendes Bleichmittel für buntes Gewebe dazu. Anschließend in warmem Wasser ausspülen.

So frischen Sie Kleidungsstücke wieder auf

Mit den folgenden drei Tipps lassen sich abgetragene Kleidungsstücke wiederbeleben, die Sie normalerweise in den Müll werfen würden.

Tipp 1: So wird Buntes wieder bunt

Farben verblassen mit der Zeit, aber damit wird ein Schuss Weißweinessig im Waschgang spielend in wenigen Minuten fertig. Die Farben sollten nachher wieder mehr leuchten.

Tipp 2: So wird Weißes wieder weiß

Durch häufiges Tragen bekommt weiße Kleidung einen Grauschleier. Dagegen können Sie etwas tun, indem Sie das betreffende Kleidungsstück 24 Stunden in warmem Wasser mit Bleichmittel auf Sauerstoffbasis (im Supermarkt erhältlich) einweichen. Spülen Sie es anschließend in einer Schüssel mit warmem Wasser und einem Spritzer Essig aus. Rechnen Sie einen Esslöffel Essig auf vier Tassen Wasser.

Tipp 3: So wird Schwarzes wieder schwarz

Schwarze Kleidung verliert an Farbintensität und wird mit der Zeit heller. Dem können Sie entgegenwirken, indem Sie entweder eine Tasse starken Kaffee oder zwei Tassen Tee in den Spülgang geben – ohne Milch und Zucker, versteht sich! Beim Trocknen sollte das Schwarz wieder so intensiv sein wie vorher.

Ein schwacher Duft nach Tee oder Kaffee verschwindet im Allgemeinen nach einer normalen Wäsche.

Anmerkung: Diese Tipps gelten nur für unempfindliche, waschmaschinenfeste Kleidungsstücke, nicht aber für empfindliche Textilien, die Sie immer zu einem Fachmann bringen sollten.

So flicken Sie zerrissene Kleidungsstücke

Wie Sie hier vorgehen, hängt davon ab, wie groß der Riss ist und wo am Kleidungsstück er sich befindet. Große Risse in Kleidungsstücken, die Ihnen am Herzen liegen – zum Beispiel ein Abendanzug oder ein schickes Kleid –, sollten Sie immer zu einem Reparaturservice bringen.

Kleinere Risse in Jeans oder Pullovern können Sie jedoch mühelos selbst flicken. Am einfachsten geht es mit Bügelband (das gibt es in den meisten großen Kaufhäusern und in altmodischen Kurzwarengeschäften). Kaufen Sie waschbares Band in einem Farbton, der am besten zu dem des betreffenden Kleidungsstücks passt. Es eignet sich für die meisten mittelschweren und schweren Stoffe, und – ganz wichtig! – die Reparatur ist damit deutlich einfacher als mit Nadel und Faden. Gehen Sie wie folgt vor:

Schritt 1: Ziehen Sie das zerrissene Kleidungsstück auf links, und schneiden Sie das Band passend zurecht. Geben Sie noch ein bis zwei Zentimeter auf allen Seiten zu, und runden Sie die Ecken ab.

Schritt 2: Legen Sie die Risskanten aneinander – sie müssen sauber sein, denn bei ausgefransten Kanten oder richtigen Löchern hilft nur noch ein Bügelflicken (siehe Seite 38).

Schritt 3: Bügeln Sie von der Rückseite über den Riss, damit er warm wird, und legen Sie dann das Band mit der Klebeseite nach unten darauf. Bügeln Sie nochmals darüber, damit das Band am Stoff haften bleibt, und lassen Sie das Kleidungsstück auskühlen, bevor Sie es wegräumen oder anziehen.

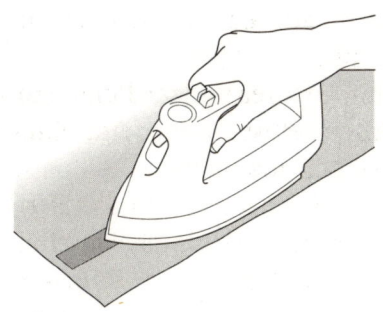

So reparieren Sie Laufmaschen in Strumpfhosen

Dies ist nur eine provisorische Reparatur, die auch nur funktioniert, wenn Sie die Laufmasche früh erwischen und schnell handeln, bevor sie an Ihrem Bein hinauf- oder hinunterschießt. Tragen Sie farblosen Nagellack auf die ersten Anzeichen eines Lochs auf. Sobald er angetrocknet ist, hält er die Fasern zusammen, sodass die Laufmasche nicht weiterwandert und Sie etwas Zeit gewinnen, bis Sie sich eine neue Strumpfhose besorgen können.

So flicken Sie Löcher in Jeans

Rechtzeitig eingreifen, heißt hier die Devise. Wenn Sie sich mit einem kleinen Loch abfinden können und nicht das Gefühl haben, Sie müssten es zunähen, geben Sie einfach Klebstoff drauf, damit es nicht größer wird (Details siehe Kasten Seite 39).

Wenn Sie mit einem kleinen Loch nicht leben können oder wenn das Loch recht groß ist, besorgen Sie sich am besten einen Denimflicken zum Aufbügeln, der in Farbton und Gewebe zu Ihrer Jeans passt. Er wird auf der Innenseite aufgebracht. Wenden Sie deshalb die Jeans auf links und legen Sie den Flicken auf, und zwar so, dass er wirklich das ganze Loch verdeckt. Bügeln Sie ihn mit geringer Hitze auf die

Jeans auf und lassen Sie sie auskühlen, bevor Sie sie wieder anziehen.

Schneller Trick für kleine Löcher

Wenn eines Ihrer Kleidungsstücke ein klitzekleines Löchlein hat oder ausgefranst ist, schneiden Sie alle Fransen ab, wenden das Kleidungsstück auf links und verstreichen etwas wasserfesten Textilkleber rund um das Loch oder die ausgefranste Stelle. Sobald der Kleber getrocknet ist, verhindert er, dass das Loch beziehungsweise die ausgefranste Stelle größer wird, und verlängert so die Lebensdauer Ihres Kleidungsstücks.

So verhindern Sie Mottenfraß in der Kleidung (und machen Motten den Garaus)

Es gibt nur eine einzige todsichere Methode, Mottenlöcher in Kleidungsstücken zu verhindern: Machen Sie allen Motten und Mottenlarven in Ihrem Haus den Garaus – auch wenn das unmöglich scheinen mag, da diese Tierchen die verblüffende Gabe haben, durch Lüftungsschlitze und ähnliche Öffnungen ins Haus zu gelangen. Doch bei Mottenlöchern ist Vorbeugen besser als Heilen, denn wenn sich eine Motte und ihre Freunde erst einmal über Ihren edlen Pullover hergemacht haben, kann Ihnen nur ein Fachmann aus der Not helfen.

Tun Sie also beizeiten etwas, und achten Sie auf alle Anzeichen von Mottenbefall. Die folgenden Tipps werden Ihnen helfen.

Tipp 1: Falls Ihr Kleiderschrank mit Teppichboden ausgelegt ist, entfernen Sie ihn aus dem Schrank. Denn Teppich ist eine Brutstätte für die Biester und wirkt auf sie geradezu einladend.

Tipp 2: Legen Sie niemals Kleidungsstücke in den Schrank, die nicht sauber sind: Motten fühlen sich besonders von menschlichem Schweiß angezogen. Tragen oder lüften Sie Kleidungsstücke möglichst oft, denn Motten bevorzugen die Dunkelheit.

Tipp 3: Wenn es sich nicht vermeiden lässt, dass unbenutzte Kleidung monatelang im Schrank hängt, bewahren Sie sie in der Übergangszeit in vakuumverschlossenen Kleidersäcken aus Plastik auf, um die Motten fernzuhalten – ohne Sauerstoff überleben die Schädlinge nämlich nicht.

Tipp 4: Geben Sie alle Kleidungsstücke, die möglicherweise mit Motten in Kontakt gekommen sind, in die Spezialreinigung, und erwähnen Sie dort das Mottenproblem, damit alle Larven entfernt werden.

Auch wenn Sie keine Hinweise auf Larven finden, heißt das nicht, dass keine vorhanden sind.

Tipp 5: Waschen Sie die Kleidungsstücke eine halbe Stunde bei 50 Grad Celsius oder höher, damit die Motten absterben, oder legen Sie Kleidung, die man nicht heiß waschen darf, ins Gefrierfach. Auch dort müssen sie nämlich ihr Leben lassen. Damit handeln Sie sich vielleicht schlechtes Karma ein, *aber die kleinen Biester wollen Ihren Pulli fressen!*

Tipp 6: Saugen Sie die Einbauschränke aus, in denen Sie Kleidung aufbewahren, und entsorgen Sie den Staubsaugerbeutel umgehend draußen in der Mülltonne! Sonst könnten sich die Larven in dem Beutel neu formieren und wieder heranwachsen.

Tipp 7: Wenn Sie die Motten wirklich ein für alle Mal loswerden wollen, müssen Sie wohl oder übel ein wirksames Mottenvertilgungsmittel kaufen, wie man es in großen Supermärkten findet. Oder Sie lassen einen Fachmann mit Vollmaske kommen, der Ihren Kleiderschrank ausräuchert.

Tipp 8: Nachdem Sie alle Mottenspuren beseitigt haben, können Sie sich die Schädlinge mit Zedernholz, Lavendel oder getrockneter Orangenschale vom Leib halten. Motten hassen diese Abwehrmittel, doch sie hinterlassen unter Umständen schlimme Ölflecke und schädigen die Gewebe. Achten Sie daher darauf, dass sie nicht mit Kleidungsstücken in Kontakt kommen.

So stopfen Sie Löcher in Hosen- und Manteltaschen

Häufig hat sich in diesem Fall der Saum gelöst, und die Tasche hängt lose herunter, oder der Stoff hat ein Loch. Jedenfalls fällt das Geld heraus, und man steht ohne einen Cent da. Zum Glück gibt es dafür zwei ganz einfache Reparaturmethoden.

Möglichkeit 1: Drehen Sie die Hosen- oder Manteltasche auf links, und schneiden Sie ein Stück Stoff zurecht, das so groß ist, dass es das Loch verdeckt – es sollte das Loch ungefähr einen Zentimeter überlappen. Stecken Sie den Flicken an der entsprechenden Stelle mit Nadeln fest (am besten sind Textilnadeln), und nähen Sie die Kanten ringsherum fest zusammen (siehe Kasten Seite 43).

Möglichkeit 2: Statt Nadel und Faden verwenden Sie einen Flicken zum Aufbügeln, um das Loch zu verschließen. Dann können Sie in der Zeit, in der Sie die Tasche zugenäht hätten, etwas Interessanteres tun, etwa essen oder über das Wetter schimpfen. Die Anleitung für das Aufbügeln finden Sie auf Seite 36–39.

Verflixt und zugenäht!

Nähgrundkenntnisse für blutige Anfänger

Schritt 1: Fädeln Sie den Faden durch das Nadelöhr. Dazu brauchen Sie ein scharfes Auge und eine ruhige Hand. Ziehen Sie den Faden dann auf die gewünschte Länge – und geben Sie noch etwas mehr Faden zu, damit er nicht zu knapp wird.

Schritt 2: Verknoten Sie das Ende des Fadens, damit er Ihnen beim Nähen nicht herausrutscht – machen Sie anschließend noch einen Knoten (und gegebenenfalls einen dritten), falls der Knoten durch den Stoff rutscht. Stecken Sie die Nadel von unten durch den Stoff, bis Sie spüren, dass der Knoten ihn berührt. Jetzt können Sie mit dem Nähen loslegen.

Schritt 3: Der einfachste Stich ist der Vorstich, ein gerader Stich mit gleich großen Abständen (siehe Abbildung). Beginnen Sie dicht bei dem Knoten (er sollte sich an der Stoffunterseite befinden), mit dem Sie gerade Ihren Faden fixiert haben, und führen Sie die Nadel durch beide Stoffschichten auf und ab. Achten Sie dabei auf gerade Stiche und gleichmäßige Abstände. Machen Sie lieber kurze Stiche, denn bei langen verheddert sich der Faden leichter und reißt dann eher.

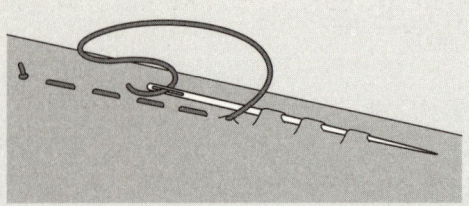

Schritt 4: Wenn Sie einmal um den Flicken herum-genäht haben, machen Sie zur Sicherheit entweder eine zweite Runde oder vernähen das Fadenende, in-dem Sie die Nadel nach unten durch das Kleidungs-stück führen und den Faden mehrmals durch den letzten Stich schlingen, bis er sich nicht mehr löst. Anschließend abschneiden – fertig!

Knopfsicherung auf die Schnelle

Damit Knöpfe an Kleidungsstücken nicht immer wie-der verloren gehen, geben Sie einen kleinen Trop-fen farblosen Nagellack auf den Faden, mit dem sie angenäht sind. In trockenem Zustand wird er hart, sodass der Faden praktisch nicht mehr brüchig wird und somit auch nicht mehr abreißt.

So machen Sie einen verhakten Reißverschluss wieder flott

Wenn die Häkchen eines Reißverschlusses nicht mehr ineinandergreifen, lässt sich das betreffende Kleidungsstück nur noch mit Mühe schließen. Solange aber nur die Häkchen falsch ausgerichtet sind und nicht der ganze Reißverschluss kaputt ist und komplett ersetzt werden muss, lässt sich der Schaden relativ einfach beheben...

Schieber   Stopper

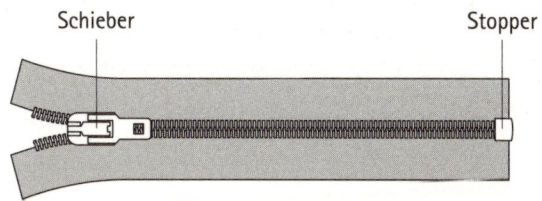

Schritt 1: Ziehen Sie den quadratischen Plastik- oder Metallstopper am Ende des Reißverschlusses mit einer kleinen Zange ab, ohne ihn zu beschädigen.

Schritt 2: Ziehen Sie den Schieber ganz nach unten, über die beiden letzten Häkchen hinaus, aber nicht ganz heraus. Ordnen Sie die Häkchen nun mit der Hand neu an, sodass sie sich von unten nach oben sauber aneinanderfügen. Ziehen Sie den Reißverschluss dann zu, das müsste jetzt wieder reibungslos funktionieren.

Schritt 3: Zwicken Sie den Stopper mit der Zange am unteren Ende auf beiden Seiten wieder fest. Wenn der Stopper kaputt ist, können Sie den Verschluss fixieren, indem Sie mehrmals mit groben Querstichen über die beiden letzten Häkchen nähen. Das wird den Schieber zukünftig in Schach halten, vorausgesetzt Ihre Stiche sind fest genug. Wenn Sie mit dem Ergebnis zufrieden sind, verknoten Sie den Faden zweimal und schneiden ihn ab.

So befestigen Sie einen abgerissenen Taschenriemen

Wird eine Handtasche mit zu viel überflüssigem Kram vollgestopft, werden die Riemen stark belastet. Das kann dazu führen, dass die Nähte platzen, die Riemen abreißen und der ganze kostbare Tascheninhalt auf dem Boden verstreut wird.

Achten Sie darauf, wie viel Sie in Ihre Tasche packen, schwenken Sie sie nicht an den Riemen hin und her und lassen Sie sie niemals an einer Türklinke hängen, wenn Sie die Tasche nicht benutzen. Ist der Riemen bereits gerissen, kommt dieser weise Rat leider zu spät, und Sie müssen zu Nadel und Faden greifen, um ihn wieder zu befestigen. Besteht der Riemen aus Segeltuch, Nylon oder einem anderen, ähnlich leichten Material, erleichtert das die Arbeit. In diesem Fall...

Schritt 1: Falls nur eine oder mehrere Nähte aufgegangen sind, führen Sie den Riemen einfach wieder an der richtigen Stelle ein und achten Sie dabei darauf, dass er die richtige Länge hat.

Schritt 2: Stecken Sie den Riemen fest und nähen Sie ihn auf der ursprünglichen Naht so genau wie möglich an – nehmen Sie bei schwierigem Material eine robuste Nadel und einen dickeren Faden.

Schritt 3: Ist der Riemen stärker in Mitleidenschaft gezogen, beispielsweise in der Mitte gerissen, dann nähen Sie besser gleich einen oder mehrere neue Riemen an – oder bezahlen einen Fachmann für diese Arbeit.

Bei einer Ledertasche geht es genauso, aber Ledernähte sind viel schwieriger anzubringen. Am besten geht es mit einem reißfesten Nylonfaden und einer ebenso robusten Nadel, die nicht gleich bei der ersten Belastungsprobe bricht. Wenn das alles nichts hilft, wenden Sie sich an Ihren Schuster, der weiß in den meisten Fällen Rat.

So reparieren Sie einen Schirmstock

Der Stock (der lange, dünne Mittelteil des Schirms) hält das ganze Gewicht des Schirms und wird bei einem Unwetter gnadenlos durchgerüttelt. Kein Wunder also, wenn er unter all dem Druck irgendwann einknickt. Aber keine Sorge, noch ist nicht alles verloren.

Möglichkeit 1: Besteht der Stock aus einem durchgehenden Holz- oder Kunststoffteil und hat eine glatte Bruchstelle, kann ein großzügig um die Bruchstelle gewickeltes, ultrastarkes wasserfestes Klebeband die beiden Teile zusammenhalten. Allerdings müssen Sie zusätzlich mehrere Schichten starken Klebstoff auftragen, damit das Ganze auch wirklich hält. Vor allem, wenn Sie in einer Gegend leben, die häufig von starken Winden und Regengüssen heimgesucht wird.

Möglichkeit 2: Eine dauerhaftere Lösung ist es allerdings, wenn Sie in beide Teile des abgebrochenen Stocks jeweils der Länge nach ein Loch bohren. Nehmen Sie dann einen in der Größe passenden Zylinderstift oder Dübel und bestreichen Sie ihn und die beiden Teile, die zusammengefügt werden sollen, mit Holzleim oder Kunststoffkleber.

Schieben Sie den Stift an den Enden des Schirms jeweils zur Hälfte in die beiden Löcher – der Stift fungiert wie eine Brücke zwischen den beiden abgebrochenen Teilen und fixiert sie. (Die Bohrlöcher müssen vollkommen gerade sein, denn der Stift muss akkurat hineinpassen und darf sich nicht bewegen.) Tragen Sie anschließend sicherheitshalber Klebstoff rings um die Verbindungsstelle auf, und lassen Sie ihn antrocknen. Geben Sie noch eine Schicht Klebstoff extra darauf, die Sie ebenfalls trocknen lassen, und schleifen Sie die geflickte Stelle dann sauber ab.

Heavy Metal – eine Alternative

Hat der Schirm einen Metallstock, kleben Sie die beiden Teile zusammen und wickeln dann ein kleines Stück dünnen Draht fest um die Verbindung. Fixieren Sie den Stock in einer Schraubzwinge, heizen Sie den Draht dann auf, bis er anfängt zu schmelzen. Dies geht am besten mit einem Gasbrenner für Köche (eine richtig große Lötlampe ist zu gefährlich). Das ist echte Lötarbeit, und wenn Klebstoff und Metall schmelzen, fest werden und die Bruchstelle abdecken, hält die Verbindung mit dem Stock besser, und der Schirm ist wieder wie neu.

So reparieren Sie eine kaputte Schirmstrebe

Am häufigsten wird ein Schirm in Mitleidenschaft gezogen, wenn die Streben bei heftigen Windböen umknicken und man dann im wahrsten Sinne des Wortes im Regen steht. Natürlich sollten die Streben nicht umknicken, aber wie Sie sich inzwischen sicher schon gedacht haben, liegt das oft an der schlampigen Verarbeitung.

Umgeknickte Streben sind eine üble Sache, denn sie sollen sich beim Öffnen des Schirms nach oben drücken, die Stoffbespannung tragen und dem Schirm eine stabile Form verleihen. Jede Strebe muss so stabil sein, dass sie stürmischen Böen standhält – andernfalls knickt sie um. Zum Glück gibt es, wie bei den meisten Dingen, auch hier eine recht einfache Lösung...

Eine recht einfache Lösung

Prüfen Sie jede Strebe durch leichtes Drücken auf Schwachstellen; alle, die bereits kaputt sind oder demnächst kaputtgehen werden, müssen Sie entfernen. Falls Ihr Schirm starre (d.h. nicht klappbare) Streben hat, sollte jede von ihnen an beiden Enden mit einem kleinen knubbeligen Teil – der Niete – befestigt sein. Bei beschädigten Streben ziehen Sie beide Enden heraus, entweder mit der Hand oder, falls sie zu fest sitzen, mit einer Zange.

Kaufen Sie als Ersatz bei dem netten Fahrradhändler um die Ecke eine ähnlich breite Fahrradspeiche, die Sie mit einer Metallsäge auf die passende Länge zurechtschneiden und anschließend glatt feilen.

Vorausgesetzt, die neue Strebe ist leicht flexibel – sie lässt sich in der Mitte biegen –, sollte sie sich eigentlich ganz einfach an beiden Enden einführen lassen und einrasten. Jetzt ist Ihr Schirm wieder wie gewohnt einsatzbereit, und Sie können sich mit etwas anderem beschäftigen.

Warnung!

Leider funktioniert diese Lösung nur bei Schirmen mit starren Streben, nicht aber bei Modellen mit komplizierter Aufhängung. Aber das werden Sie sehen, sobald Sie Ihren Schirm genauer inspizieren.

So lassen Sie angelaufenen Schmuck wieder glänzen

Die natürlichen Öle der Haut und die industriell hergestellten Produkte, mit denen wir uns großzügig einschmieren, hinterlassen irgendwann Spuren auf dem Schmuck, und das sieht wirklich schäbig aus. Zum Glück lässt sich Schmuck meistens ganz leicht wieder auffrischen. Folgende Regeln sind dabei zu beachten.

Goldschmuck*: Legen Sie das Schmuckstück 15 Minuten lang in eine Schüssel mit heißer Seifenlösung aus mildem Reinigungsmittel, und bürsten Sie es anschließend sanft mit einer weichen Zahnbürste. Spülen Sie es in handwarmem Wasser aus, und legen Sie es zum Trocknen beiseite. Bei besonders hartnäckigen Spuren geben Sie einen winzigen Klecks weiße Zahnpasta auf die Bürste und verteilen sie mit kreisförmigen Bewegungen auf dem Schmuckstück. Anschließend mit Seifenwasser abwaschen und mit einem weichen Tuch polieren.

Silberschmuck: Gehen Sie wie oben vor, und rücken Sie hartnäckigen Spuren mit Zahnpasta zu Leibe. Besonders schön wird Silberschmuck, wenn Sie ihn mit flüssigem Silberschmuckreiniger behandeln. Bitte beachten Sie dazu die Anweisungen auf der Verpackung.

Diamanten: Legen Sie die Diamanten in warme Seifenlösung aus einem milden Reinigungsmittel (verwenden Sie unter keinen Umständen Chlorbleiche), und bürsten Sie sie dann vorsichtig mit einer weichen

---

* Weißgold ist normalerweise mit Rhodium beschichtet, einem harten, strapazierfähigen, silbrigweißen Metall. Es lässt sich sehr schön auf Hochglanz bringen, bekommt jedoch einen Gelbstich, wenn sich die Beschichtung abwetzt. In dem Fall wird der Schmuck erst dann wieder glänzen, wenn man ihn neu rhodinieren lässt, und das kann ein Juwelier am besten.

Zahnbürste. Nehmen Sie die Diamanten anschließend aus der Seifenlösung heraus, spülen Sie sie unter lauwarmem Wasser ab, trocknen Sie sie danach mit einem weichen Tuch oder lassen Sie sie von selbst trocknen. Noch strahlender werden Diamanten, wenn sie mit flüssigem Schmuckreiniger behandelt werden. Lesen Sie dazu die Gebrauchsanleitung auf der Packung. Haben die Diamanten sich in der Fassung gelockert, ziehen Sie einen Experten zurate, der diese Reparatur für Sie übernimmt. Sonst fallen die kostbaren Steinchen womöglich auf der Straße heraus und verschwinden auf Nimmerwiedersehen im Gulli.

So reparieren Sie ein abgerissenes Uhrband

Es ist eine komplizierte Angelegenheit, die ganzen fummeligen Kleinteile im Innern einer Armbanduhr wieder dort einzusetzen, wo sie hingehören. Überlassen Sie diese Reparatur am besten einem Fachmann. Das häufigste Problem bei Armbanduhren ist allerdings ein abgerissenes oder beschädigtes Uhrband, und diese Reparatur können Sie selbst erledigen. Das geht jedoch nur bei einem Metallarmband, dessen Glieder von kleinen Stiften zusammengehalten werden, und wenn Sie sich vorher beim Juwelier ein Ersatzband besorgt haben. Aber dann können Sie loslegen …

Schritt 1: Am Ende des Bands, dort, wo es am Uhrgehäuse befestigt ist, sehen Sie eine kleine dunkle Vertiefung, in der ein Stift steckt, und auf der anderen Seite eine zweite Vertiefung. Wenn Sie nun mit einem Federstegwerkzeug (bei jedem guten Juwelier oder auch im Internet erhältlich) in diese Vertiefung drücken, müsste die Feder am anderen Ende herausspringen. Wiederholen Sie die Prozedur auf der anderen Seite des Uhrbands.

Schritt 2: Nehmen Sie das Band heraus, und entfernen Sie mit einer Nadel den Schmutz aus den beiden Vertiefungen am Gehäuse. Nehmen Sie jetzt das neue Band, und bringen Sie die beiden Enden so an, dass die Stifte es, wenn Sie sie wieder einsetzen, »aufspießen« und fixieren. Schieben Sie den Stift mit dem Federstegwerkzeug, soweit es geht, hinein, und fixieren Sie auf dieselbe Weise das andere Ende des Bands.

Schritt 3: Das war es auch schon. Allerdings möchte ich noch Folgendes erwähnen: Falls einzelne Glieder herausgenommen werden müssen, damit das Band fester sitzt, gehen Sie genauso vor, wie oben für den Austausch des Bands beschrieben. Bei einem Lederband bringt Ihnen diese Vorgehensweise aber nichts – das ist ein Fall für den Fachmann.

So reparieren Sie ein zerkratztes Uhrglas

Ein zerkratztes Uhrglas lässt sich leicht reparieren. Verreiben Sie mit einem weichen Tuch einen Schuss flüssigen Messingreiniger (normale Zahnpasta tut es auch) auf der Glasoberfläche und wischen Sie mit einem sauberen, feuchten Tuch darüber. Alternativ können Sie transparentes, nicht gilbendes Abdeckband (gibt es im Internet) auf das Glas kleben, es vorsichtig andrücken und nach 24 Stunden abziehen. Die Klebelösung hat in dieser Zeit die Kratzer aufgefüllt.

Dieser Tipp hilft bei kleinen Kratzern, aber nicht bei großen Schrammen. Hat das Glas einen Sprung, gehen Sie besser zu einem Spezialisten.

So reparieren Sie eine zerkratzte Sonnenbrille

Durch Abnutzung und Verschleiß bekommt eine Sonnenbrille oft kleine Kratzer, und vorbei ist es mit der Coolness! Mit den folgenden Methoden können Sie Ihr Image rasch wieder herstellen:

Brillengläser aus Glas

Geben Sie ein wenig weiße Zahnpasta auf einen Wattebausch, und reiben Sie sie zehn bis 15 Sekunden lang mit kreisförmigen Bewegungen in den Krat-

zer auf dem Brillenglas ein. Wischen Sie die Zahn-
pasta mit einem weichen, sauberen Tuch ab, gehen
Sie dann mit einem sauberen, feuchten Tuch noch
einmal darüber, und lassen Sie das Ganze trocknen.
Wiederholen Sie diesen Vorgang so lange, bis der
Kratzer praktisch unsichtbar geworden ist.

Brillengläser aus Kunststoff
Spülen Sie das zerkratzte Brillenglas mit warmer Seifenlauge, und trocknen Sie es vorsichtig mit einem
weichen Mikrofasertuch ab – Küchentücher, Toilet-
tenpapier oder ähnlich grobes Material würden den
Kunststoff nur noch mehr verkratzen. Besprühen Sie
dann das Brillenglas mit etwas Möbelpolitur, und
verreiben Sie die Flüssigkeit mit kreisförmigen Bewegungen. Dadurch werden die Kratzer mit einer wachs-
artigen Substanz aufgefüllt. Entfernen Sie Überreste
mit einem sauberen, extraweichen Tuch, und nehmen
Sie dann das andere Brillenglas in Angriff.

TEIL 2

HAUSHALTSELEKTRONIK

Mit Haushaltselektronik sind Fernsehgeräte, Computer, Mobiltelefone und Digitalkameras sowie alle übrigen kompliziert verdrahteten Geräte gemeint, die uns ein Funkenfeuerwerk bescheren oder sich ganz einfach von allein abschalten und ihren Geist aufgeben.

Die in diesem Kapitel vorgestellten Lösungen sind nur für einfache Reparaturen gedacht: für Dinge, die man oder frau auch mit ausgeschaltetem Gehirn noch zuwege bringen kann – Sie müssen also keine Geräte auseinandernehmen und sich an deren Innereien zu schaffen machen. Umfangreichere Reparaturen sollten einzig und allein von ausgebildeten Experten durchgeführt werden, die etwas von der Sache verstehen, Sie aber sollten die Finger davon lassen. (Es sei denn, Sie sind ein ausgebildeter Experte, der etwas von der Sache versteht.)

Viele elementare Probleme können von jedem Durchschnittsverbraucher behoben werden, wie das folgende Kapitel deutlich zeigt.

Warnung!

Falls Sie vorhaben, irgendein Elektrogerät zu reparieren, lautet die erste Regel: Gehen Sie kein Risiko ein! Wenn Sie die folgenden Punkte überprüfen, bevor Sie eine Anweisung in diesem Buch befolgen, dürfte Ihnen wirklich nichts passieren.

1. Ziehen Sie vor einer Reparatur immer den Netzstecker, sonst erleiden Sie unter Umständen einen äußerst schmerzhaften oder sogar tödlichen Stromschlag.

2. Lesen Sie immer die Bedienungsanleitung des Herstellers durch, bevor Sie an einem komplizierten Gerät herumbasteln. Falls Sie diese Bedienungsanleitung verlegt haben, suchen Sie auf der Website des Herstellers nach Orientierungshilfen, bevor Sie etwas auseinanderschrauben.

3. Viele Probleme lösen sich von selbst, wenn Sie vorher überprüfen, ob das betreffende Gerät richtig an die Steckdose angeschlossen ist und die Fernbedienung funktionsfähige Batterien hat. Scheint offensichtlich, ist aber tatsächlich eine der häufigsten Fehlerquellen!

4. Es muss Ihnen klar sein, dass Sie die Gerätegarantie verspielen, wenn Sie das Gerät aufschrauben und sich an der Technik zu schaffen machen. Wenn Sie Bedenken haben, machen Sie sich eine Tasse Tee und lassen Sie einen Profi kommen.

So bringen Sie ein Fernsehgerät wieder zum Laufen

Der Fernseher spinnt mal wieder und das heißt: Wenn Sie jetzt nicht Dampf machen und das Ding reparieren, verpassen Sie Ihre heiß geliebte Kulturdoku über lettische Purpurnasenkäfer oder Ihre favorisierte Realityshow. Glücklicherweise ist das Problem oft ganz einfach zu lösen, wenn Sie sich Folgendes fragen:

1. Habe ich in der Bedienungsanleitung des Geräts nachgeschaut und mir den überaus hilfreichen Abschnitt »Problembehandlung« ganz hinten durchgelesen?   JA ☐ NEIN ☐

2. Ist mir die Bedienungsanleitung irgendwann in den letzten Jahren unter die Augen gekommen?
JA ☐ NEIN ☐

Falls nein, hat der Hersteller eine informative Website mit Auskünften und Hinweisen in einer narrensicheren FAQ-Rubrik?   JA ☐ NEIN ☐

3. Falls sich die Website als unbrauchbar herausstellt: Habe ich versucht, den Telefonservice des Herstellers zu erreichen?
JA. UND DAS WAR WIRKLICH FÜR DIE KATZ! ☐
NEIN ☐

4. Habe ich die Installationsanweisungen in der Bedienungsanleitung genau befolgt, und war mir dabei klar, dass eine falsche Installation dazu führen kann, dass es keinen Ton, kein Bild oder keinen Ton und kein Bild gibt? Mit anderen Worten: Habe ich darauf geachtet, dass alle Verbindungen – Strom, Antennenkabel, Satellitenanschlüsse usw. – richtig angeschlossen sind?

JA, ABER ES FUNKTIONIERT TROTZDEM NICHT ☐
ÄHM, NEIN ☐

5. Habe ich nachgesehen, ob die Sicherung im Stromkasten rausgeflogen ist und den Schalter möglicherweise wieder auf »Ein« umgelegt?

JA ☐ NATÜRLICH NICHT ☐

6. Bereue ich es jetzt, dass ich dieses supergünstige Fernsehgerät mit dem 73-Zoll-Bildschirm von einem gerissenen Typen auf dem Flohmarkt gekauft habe?

JA, ABER ES HAT NUR 150 EURO GEKOSTET! ☐
NEIN ☐

7. Würde es helfen, wenn ich die Rückseite des Geräts mit einem Buttermesser aufstemme, dann ein bisschen in dem Kabelgewirr herumstochere und das Beste hoffe?

JA ☐ NEIN, WAHRSCHEINLICH BEKOMME ICH
DANN EINEN TÖDLICHEN STROMSCHLAG ☐

Fernsehtipps

Fernsehgeräte sind wie Autos und hübsche Blumen: Sie wollen allesamt regelmäßige Pflege und Aufmerksamkeit haben, denn sonst machen sie Mucken und geben irgendwann den Geist auf. Um weitere Probleme zu vermeiden, lassen Sie Fernsehventilatoren und Lautsprecher erst gar keinen Staub und Schmutz ansetzen, denn sobald dieser ins Gerät gelangt und sich dort sammelt, gehen die Schwierigkeiten erst richtig los. Wischen Sie diese Teile regelmäßig mit einem weichen Tuch ab.

Feuchtigkeit in der Nähe des Fernsehers und seiner komplizierten Elektronik führt ebenfalls zu Problemen. Sorgen Sie deshalb dafür, dass das Gerät keiner übermäßigen Feuchtigkeit ausgesetzt ist, und bewahren Sie ein paar Päckchen mit Silica-Gel hinter der Anlage auf, die überschüssige Feuchtigkeit absorbieren.

Zur Verbesserung der Sichtqualität reinigen Sie den Bildschirm mit einem weichen, feuchten, sauberen Tuch und milder Seife. Verwenden Sie dazu niemals Küchentücher, denn damit verkratzen Sie ihn unter Umständen, und verzichten Sie auf aggressive Reinigungsprodukte, denn damit entfernen Sie im Lauf der Zeit die Oberflächenbeschichtung Ihres Geräts.

8. Habe ich alle Einzelteile (Ventilatoren, Lautsprecher, siehe auch Seite 61), die sich leicht reinigen lassen, sauber gehalten, damit Staub und Schmutz ihnen nichts anhaben und sie beschädigen konnten? Habe ich an der Antenne gewackelt? Habe ich meinen Freund angerufen und ihn gefragt, was er als letzte Rettung vorschlägt?

EHRLICH, ICH HABE ALLES VERSUCHT ☐
ICH BIN MIT MEINEM LATEIN AM ENDE ☐

9. Sind die Batterien der Fernbedienung alle?

JA ☐ **NEIN** ☐

10. Hätte ich das gleich zu Beginn überprüfen sollen, statt anderen Leuten mit meinen Fragen die Zeit zu stehlen? **ÄHM, UPS, ENTSCHULDIGUNG!** ☐

So reparieren Sie eine Fernbedienung

Eine aufwendige Studie, die ein Mann mit zu viel Freizeit vor geraumer Zeit durchführte, hat gezeigt, dass die häufigsten Ausfälle bei Fernbedienungen für Fernseh-, DVD- und Videogeräte auf eine defekte Tastatur und/oder Verschmutzungen der Leiterplatte zurückzuführen sind. Jede einzelne Taste sollte sich mühelos drücken lassen und die Leiterplatte im Inneren komplett berühren, sodass Sie schmerzlos von

Sender zu Sender umschalten können. Im Lauf der Zeit werden Verschmutzungen und Ablagerungen die Kontaktstellen auf der Leiterplatte verkrusten, und das heißt, dass Sie zum Umschalten immer stärker auf die Tasten drücken müssen. Hier helfen Ihnen die folgenden Schritte weiter:

Schritt 1: Nehmen Sie die Batterien heraus, und legen Sie sie beiseite.

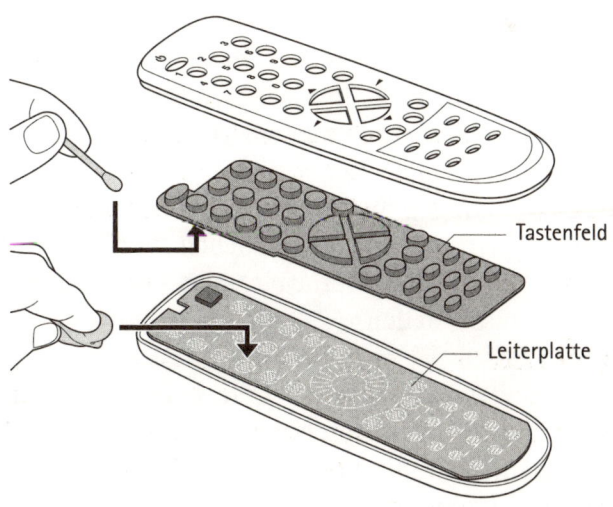

Tastenfeld

Leiterplatte

Schritt 2: Lösen Sie die Schrauben der Fernbedienung, und verwahren Sie sie ebenfalls. Hebeln Sie dann die Fernbedienung mit einem stumpfen Messer auf, indem Sie es in den Spalt schieben und die Abdeckung der Fernbedienung mit sanftem Druck nach oben öffnen. Sie sollten jetzt zwei Teile vor sich haben (die Kunststoffabdeckung nicht mitgerechnet) – das Tastenfeld und die Leiterplatte.

Schritt 3: Reinigen Sie die Leiterplatte, falls erforderlich, mit einem feuchten Tuch und mildem Spülmittel oder Reinigungsalkohol von Schmutz und Staub. Die Leiterplatte ist sehr empfindlich, wischen Sie sie deshalb langsam und nur ganz leicht ab, und verwenden Sie den Reiniger sparsam. Lassen Sie die Leiterplatte trocknen, betrachten Sie den hässlichen schwarzen Fleck auf Ihrem Tuch, und wischen Sie sie noch einmal mit einem neuen, sauberen Tuch ab.

Schritt 4: Reinigen Sie mit einem mit Spülmittel oder Alkohol getränkten Wattestäbchen vorsichtig die Kontakte auf der Tastatur, welche die Verbindung zur Leiterplatte herstellen.

Schritt 5: Trocknen Sie die Teile gründlich ab, und setzen Sie die Fernbedienung anschließend wieder zusammen (Schritt 1 und 2 in umgekehrter Reihenfolge). Jetzt können Sie wieder nach Lust und Laune durch die Programme zappen.

So beheben Sie Fehler bei einer Digitalkamera

Anvisieren, abdrücken. Anvisieren, abdrücken. Einfacher geht's nicht, bis Sie eines Tages anvisieren und abdrücken, aber kein »Klick« hören. Mit etwas Glück können Sie das Problem selbst beheben, indem Sie einen der nachfolgenden kinderleichten Vorschläge befolgen.

Problem 1: Die Kamera schaltet sich nicht ein

Test 1: Falls es sich um eine batteriebetriebene Kamera handelt, überprüfen Sie, ob die Batterien noch Energie haben (und wenn sie wiederaufladbar sind, überprüfen Sie, ob sie aufgeladen wurden).

Test 2: Überprüfen Sie, ob die Batterien richtig eingelegt wurden: Pluspol auf Pluspol und Minuspol auf Minuspol.

Test 3: Falls Sie einen Stromadapter für Ihre Kamera haben, schließen Sie ihn an und versuchen Sie, die Kamera einzuschalten. Wenn sie sich jetzt einschaltet, müssen vermutlich die Batterien ausgetauscht werden.

Test 4: Wenn das alles nichts hilft, überlegen Sie, ob die Speicherkarte voll sein könnte. Wenn ja, schaltet sich die Kamera möglicherweise nicht ein. Nehmen Sie die Batterien 24 Stunden lang heraus, und versuchen Sie es dann noch einmal. Wenn sich die Kamera jetzt einschaltet, müssen Sie Platz auf der Speicherkarte schaffen, indem Sie nicht benötigte Dateien löschen.

Wenn das alles nicht funktioniert, dann ist die Kamera ein hoffnungsloser Fall, wie es so schön heißt. Als letzte Rettung können Sie noch die Anweisungen zur Fehlerbehebung in der Bedienungsanleitung zurate ziehen, aber höchstwahrscheinlich müssen Sie das Gerät von einem Fachmann reparieren lassen.

Problem 2: Das Display schaltet sich immer wieder ab

Test 1: Bevor das Display sich verabschiedet, gibt es Ihnen normalerweise einen deutlichen Hinweis darauf, warum es sich abschaltet – Sie sehen dann eine Warnmeldung oder ein entsprechendes Icon. Meistens ist der Akku leer und muss aufgeladen werden, oder die Kamera hat lediglich in den »Energiesparmodus« gewechselt, sodass sie nach einer bestimmten Zeit automatisch herunterfährt. Lesen Sie in der Bedienungsanleitung nach, wie Sie die Einstellungen über das Menü verändern können.

Test 2: Die Kamera kann sich auch dann ausschalten, wenn der Akku zu kalt ist. Nehmen Sie ihn heraus, lassen Sie ihn sich auf Zimmertemperatur erwärmen, und versuchen Sie es dann noch einmal.

Problem 3: Die Kamera macht keine Bilder

Test 1: Bei vollem Speicher macht die Kamera keine Aufnahmen mehr. Sehen Sie nach, ob dies der Fall ist, und löschen Sie alle misslungenen Aufnahmen oder kopieren Sie sie auf einen Computer.

Test 2: Vergewissern Sie sich, dass die Kamera sich nicht im Review-Modus befindet. Mit dem können Sie nämlich nur Bilder anschauen, die Sie gemacht haben, aber keine neuen Aufnahmen machen.

Test 3: Vergewissern Sie sich, dass die Akkus voll funktionsfähig sind. Wenn das »Ein«-Licht weiterhin brennt, die Kamera aber keinen Mucks von sich gibt, suchen Sie den Reset-Knopf und drücken Sie ihn.

Problem 4: Der Blitz funktioniert nicht

Test 1: Auch hier ist die Ursache wahrscheinlich sehr naheliegend, zum Beispiel leere Akkus, oder Sie haben versehentlich in den Einstellungen auf »Blitz ausschalten« gedrückt. Sehen Sie nach, und korrigieren Sie gegebenenfalls.

Test 2: Der Blitz braucht Zeit, um sich vollständig aufzuladen. Drücken Sie daher nicht so überstürzt ab, wenn Sie ein Foto machen wollen.

So beheben Sie Störungen an einem defekten Handy

Die möglichen Störungen eines Mobiltelefons sind zu vielfältig, um sie hier in aller Ausführlichkeit zu besprechen. Darum beschränke ich mich auf die häufigsten Probleme und ein paar grundlegende Methoden der Fehlerbehebung, die Ihnen weiterhelfen sollten, falls das Ding wieder einmal aus unerfindlichen Gründen streikt…

Problem 1: Die Netzstromversorgung

Auch »Aus- und wieder Einschalten« genannt. Das ist kinderleicht, keine Frage, aber damit lassen sich viele Zipperlein bereits kurieren, unter anderem ein fehlendes Signal und defekte Tasten. Da Ihr Handy tagein, tagaus betriebsbereit ist, braucht es ab und zu eine kleine Verschnaufpause.

Problem 2: Der Neustart

Wie die Netzstromversorgung, nur größer und besser. Jedes Mobiltelefon sollte ab Werk mit einer Reset-Funktion ausgestattet sein, die sich irgendwo im Menü »Einstellungen« versteckt. Damit können Sie einen Neustart durchführen und Ihr Handy auf die Werkseinstellung zurückstellen. Wählen Sie diese Option, auch wenn dadurch Ihr Klingelton und Bildschirmschoner verloren gehen. Es kann gut sein, dass Ihr Handy dadurch wieder von den Toten aufersteht.

Problem 3: Der Akku

Wenn sich das Handy unerwartet ausschaltet oder Sie feststellen, dass der Ladevorgang immer länger dauert, ist möglicherweise der Akku erschöpft und muss ersetzt werden. Bevor Sie aber einen neuen kaufen, vergewissern Sie sich, dass die SIM-Karte korrekt eingesetzt und frei von Staub und Schmutz ist. Eine locker sitzende SIM-Karte kann ebenfalls dazu führen, dass ein Mobiltelefon sich unerwartet ausschaltet. Reinigen Sie die Kontakte auf dem Akku und der SIM-Karte mit einem weichen, sauberen Tuch, legen Sie beides wieder ein, und starten Sie einen neuen Versuch. Besteht das Problem weiterhin, kaufen Sie einen neuen Akku.

Problem 4: Wasserschaden

Jetzt wird es etwas komplizierter! Wenn Wasser in Ihr Handy eingedrungen ist, müssen Sie schnell reagieren – Elektrizität und Wasser mögen sich nämlich nicht. Es kommt darauf an, dass Sie die Feuchtigkeit so schnell wie möglich aus dem Inneren des Handys entfernen und das Gerät dann vollständig trocknen lassen. Dazu müssen Sie Folgendes tun:

Schritt 1: Stellen Sie das Handy sofort aus. Nehmen Sie Akku und SIM-Karte aus dem Handy, und tupfen Sie beides trocken.

Schritt 2: Schütteln Sie das Gerät vorsichtig, damit möglichst schnell möglichst viel Wasser herauskommt, und fahren Sie dann mit einem weichen Tuch durch alle Spalten und Ritze.

Schritt 3: Saugen Sie weitere Wasserreste mit dem Staubsauger (mit dem weichen Bürstenaufsatz) weg. Benutzen Sie niemals einen Haartrockner, denn Sie wollen die Feuchtigkeit ja herauskriegen und nicht tiefer hineinblasen.

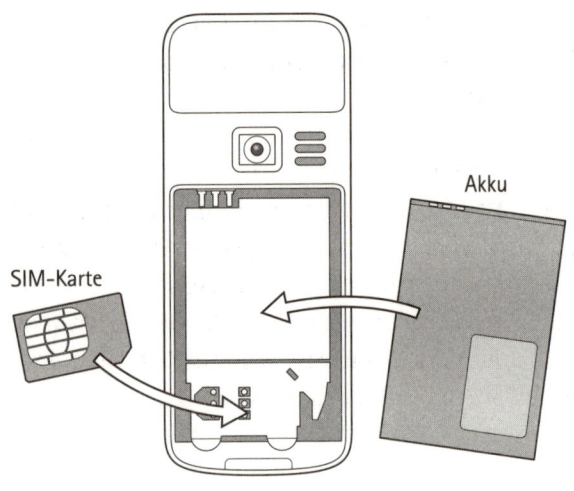

Schritt 4: Sobald Sie das Handy einigermaßen getrocknet haben, legen Sie es über Nacht in eine Schale mit Silica-Gel. Damit werden auch die letzten Wassertropfen herausgezogen, an die Sie nicht herankommen.

Schritt 5: Überprüfen Sie am nächsten Tag, ob das Gerät noch feucht ist. Wenn ja, saugen Sie es noch einmal ab und lassen es weitere 24 Stunden liegen.

Schritt 6: Wenn das Gerät wirklich knochentrocken ist, setzen Sie es wieder zusammen und schalten es ein. Wenn es nicht reagiert, nehmen Sie den Akku heraus und hängen das Handy mit dem Aufladegerät an die Steckdose. Schaltet sich das Gerät jetzt ein, ist der Akku defekt und muss ersetzt werden. Wenn auch das nichts hilft, müssen Sie sich an einen Fachmann wenden.

Problem 5: Nichts von alledem
Das Mobiltelefon funktioniert immer noch nicht? Sie als mutiger Laie haben alles in Ihrer Macht Stehende getan. Rufen Sie die Telefongesellschaft an oder bringen Sie das Gerät dorthin zurück, wo Sie es gekauft haben, und verlangen Sie wütend Ihr Geld zurück. Einen Versuch ist es allemal wert!

So beheben Sie Störungen an einem defekten Telefon

Bei Festnetztelefonen tritt meistens einer der folgenden zwei Fehler auf: Entweder können Sie keine Anrufe erhalten oder keine Anrufe tätigen. In beiden

Fällen ist Ihre Verbindung zur Außenwelt (d. h. zur Polizei und zum Pizzaservice) unterbrochen, und das ist ungut. Zum Glück gibt es mehrere Möglichkeiten, wie Sie eine gestörte Telefonverbindung überprüfen können.

Problem 1: Sie können keine Anrufe erhalten
Schon seit Ewigkeiten hat niemand mehr angerufen – entweder, weil alle anderen Sie vergessen haben oder weil das Telefon irgendeine Macke hat. Gehen wir einmal von Letzterem aus, dann gibt es zwei grundlegende Tests, die Sie selbst durchführen können…

Test 1: Vergewissern Sie sich, dass das Telefon korrekt angeschlossen ist und der Rufton nicht aus Versehen abgestellt oder so leise gestellt wurde, dass Sie ihn nicht hören können.

Test 2: Vergewissern Sie sich, dass das Gerät auf einer harten Unterlage steht. Bei vielen Telefonen ist die Klingel an der Unterseite eingebaut – eine weiche Unterlage kann den Rufton stark dämpfen.

Problem 2: Sie können keine Anrufe tätigen
Sie wählen die Nummer, kommen aber nicht durch. Sie haben ganz bestimmt die richtige Vorwahl für den gewünschten Anruf gewählt. Und wenn das Problem weiterhin besteht, haben Sie ganz bestimmt auch eine

andere Nummer in einer anderen Stadt ausprobiert, um sicherzugehen, dass Sie sich nicht verwählt haben. Solche Dinge sind natürlich naheliegend, werden aber oft übersehen.

Die Lösung für Fortgeschrittene ist, sämtliche Geräte (Anrufbeantworter, Fax usw.) aus der Telefondose zu ziehen und nur das Telefon direkt in die Haupttelefonbuchse zu stecken. Dann sehen Sie, ob das Telefon defekt ist oder die Kabel. Falls das Gerät immer noch nicht funktioniert, werden Sie es vermutlich durch ein hübsches neues ersetzen müssen.

So reparieren Sie eine springende CD oder DVD

Wenn Ihre CD oder DVD Aussetzer hat oder mittendrin stehen bleibt, ist sie entweder verschmutzt oder zerkratzt. Ersteres ist viel leichter zu reparieren als Letzteres, aber in beiden Fällen lohnt sich die Rettung. Fangen wir mit der einfachen Lösung an.

Möglichkeit 1: Schmutz und Unebenheiten beseitigen

Zum Entfernen von Fingerabdrücken, Staub und Fett halten Sie die Scheibe unter warmes Wasser. Vermeiden Sie aggressive Reiniger, Scheuermittel und Säuren, denn sie beschädigen unter Umständen das empfindliche Datenmaterial auf der Scheibe. Eiskaltes Wasser kann die CD oder DVD strapazieren – verwenden Sie also immer nur handwarmes Wasser zum Saubermachen.

Hartnäckigen Schmutz können Sie ganz vorsichtig mit einem sauberen Finger (vorzugsweise Ihrem Finger) wegrubbeln. Reiben Sie immer nur von der Mitte nach außen, damit es keine neuen Kratzer gibt: Bei kreisförmigen Bewegungen besteht die Gefahr, dass Sie die Daten auf der Scheibe noch mehr beschädigen.

Schütteln Sie überschüssiges Wasser ab, und lassen Sie die Scheibe trocknen, aber nicht im hellen Licht, denn das kann ihr noch mehr schaden. Legen Sie sie anschließend probeweise in das Abspielgerät ein.

Möglichkeit 2: Kratzer entfernen

Die schlimmsten Kratzer verlaufen in derselben Richtung wie die Spiralspur auf der Scheibe. Die gemeinen großen Kratzer, die von der Mitte zum Rand der Scheibe verlaufen, sehen viel schlimmer aus, richten aber oft keinen so großen Schaden an und können häufig vernachlässigt werden.

Wenn Sie Mühe haben, den störenden Kratzer ausfindig zu machen, dann spielen Sie die Scheibe ab und achten Sie darauf, welcher Abschnitt am meisten betroffen ist (mit einer CD geht das leichter als mit einer DVD) – die Tracks beginnen in der Mitte und werden nach außen abgespielt. Das macht das Auffinden etwas einfacher.

Sobald Sie den Kratzer identifiziert haben, können

Sie ihm mit einem zuverlässigen Mittel zu Leibe rücken:

Schritt 1: Legen Sie die CD oder DVD mit der unbedruckten Seite nach oben auf eine flache, stabile, *nicht aufgeraute* Unterlage (die Daten befinden sich näher bei der Seite mit dem Labelaufdruck. Sie kann daher viel schneller beschädigt werden als die Unterseite und darf aus diesem Grund nicht auf raue Flächen gelegt werden). Wenn Sie die Labelseite der Scheibe beschädigen, funktioniert sie nie mehr. Ist die Labelseite bereits beschädigt, muss ich Sie warnen: Der folgende Tipp ist zwar einen Versuch wert, kann Ihre Scheibe möglicherweise aber auch nicht mehr retten.

Schritt 2: Geben Sie entweder einen kleinen Klecks normale weiße Zahnpasta gemischt mit etwas Backpulver oder etwas Metallpolitur auf ein sauberes, fusselfreies Tuch, und reiben Sie damit ganz vorsichtig am Kratzer entlang – von innen nach außen, aber nicht kreisförmig, weil Sie damit möglicherweise noch mehr Schaden anrichten.

Schritt 3: Wiederholen Sie diesen Vorgang mehrmals.

Schritt 4: Waschen Sie die Zahnpasta mit warmem Wasser ab, lassen Sie die Scheibe trocknen, und wischen Sie sie dann noch einmal mit einem sauberen weißen Tuch ab. Falls Sie Metallpolitur verwendet haben, wischen Sie einfach mit einem Tuch nach.

Schritt 5: Damit DVD- oder CD-Player nicht beschädigt werden, sollte die Scheibe nicht feucht sein, wenn Sie sie einlegen. Jetzt ist die Scheibe wieder sauber und trocken, und Sie können Sie abspielen.

Schritt 6: Falls sie immer noch Aussetzer hat, überprüfen Sie, ob Sie den richtigen Kratzer ausgebessert haben. Wenn ja und das Problem besteht weiterhin, ist der Kratzer vielleicht zu tief und damit irreparabel. Diese Scheibe ist vermutlich nur noch ein Fall für den Mülleimer. Doch bevor Sie das gute Stück wegwerfen, lesen Sie den nächsten Abschnitt, für den Fall, dass es doch am Gerät und nicht an der CD beziehungsweise DVD liegt.

So reinigen Sie einen CD- oder DVD-Player

Wenn Sie sich vergewissert haben, dass die CD oder DVD sauber und unzerkratzt ist (siehe Seite 73), sie beim Abspielen aber immer noch festhängt oder Aussetzer hat, bleibt Ihnen als einzige Hoffnung, die Laserlinse im Abspielgerät zu reinigen. Die Linse sieht aus wie ein Auge und liest die Daten auf der Scheibe – und sie muss blitzsauber sein, damit sie einwandfrei funktioniert. Zum Glück ist das Reinigen keine besonders anspruchsvolle Sache.

Schritt 1: Legen Sie eine Linsenreiniger-CD ein. Die sind spottbillig und können das Problem lösen, ohne dass Sie im Gerät herumpulen müssen. Falls sich das Problem damit nicht beheben lässt, sollten Sie mit Schritt 2 weitermachen.

Schiene Laser   Schlitten

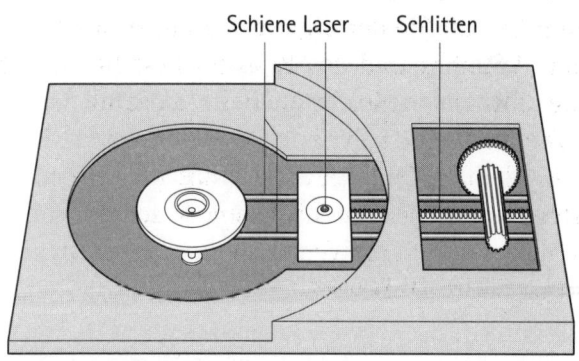

Schritt 2: Nehmen Sie die CD heraus, und trennen Sie das Gerät vom Stromkreis – Sie wollen doch Stromschläge und dergleichen vermeiden, oder? Schrauben Sie das Oberteil des Geräts ab, und legen Sie die Schrauben an einen sicheren Ort, denn Sie werden sie schon bald wieder brauchen.

Schritt 3: Jetzt kommen Sie an die Laserlinse und den Schlitten heran, auf dem sie hin- und herfährt. Wird eine CD oder DVD im Laufwerk gelesen, tastet ein Laserstrahl die Spiralspur auf der Unterseite der Scheibe ab, dabei beginnt er in der Mitte und bewegt sich nach außen. Wenn der Laser die Spur nicht exakt entlanggleitet, kann die CD oder DVD nicht richtig abgespielt werden. Die Reinigung des Schlittens kann hier Abhilfe schaffen. Geben Sie etwas WD-40 Multifunktionsöl auf ein Wattestäbchen und schmieren Sie den Schlitten.

Schritt 4: Suchen Sie als Nächstes das große (und daher unübersehbare) ritzelähnliche Zahnrad im Inneren des Geräts und drehen Sie es vorsichtig mit der Hand. Dadurch bewegt sich die Laserlinse auf der Schiene entlang, sodass Sie den Teil des Schlittens unter der Linse schmieren können, der vorher nicht sichtbar war.

Schritt 5: Nehmen Sie ein neues Wattestäbchen, tauchen Sie es in Reinigungsalkohol, drücken Sie es aus, damit es nur feucht ist, aber nicht tropft, und fahren Sie damit vorsichtig über die Laserlinse.

Schritt 6: Wenn der Reinigungsalkohol verflogen ist, schrauben Sie das ganze Gerät wieder zusammen und schalten es ein. Wenn das geklappt hat, schieben Sie eine CD oder DVD ein und freuen sich, wenn sie problemlos abgespielt wird.

So bringen Sie eine beschädigte Schallplatte wieder in Ordnung

Eine Schallplatte ist zwar streng genommen kein Elektrogerät, aber für alle altmodischen Leser, die noch nicht aufgerüstet haben, passt sie gut zu den Reparaturtipps für CDs. Schallplatten werden üblicherweise aus Vinyl hergestellt, das dünn und empfindlich ist und daher sehr leicht und auf alle möglichen Arten beschädigt werden kann. Am häufigsten sind Kratzer, verzogene Schallplatten und Verschmutzungen.

Eine zerkratzte Schallplatte reparieren

Schritt 1: Am einfachsten geht es, wenn Sie nach dem Kratzer in der Schallplatte suchen – schauen Sie hin und hören Sie zu, bis die Musik hängen bleibt. Ein Blick auf die Schallplatte sollte genügen, um den Kratzer ausfindig zu machen.

Schritt 2: Heben Sie die Nadel von der Platte ab, und stellen Sie das Gerät aus. Setzen Sie die Nadel dann wieder auf die Platte, und zwar möglichst nahe an den zerkratzten Teil, und spielen Sie sie rückwärts ab, indem Sie die Platte mit der Hand drehen.

Schritt 3: Während die Nadel durch die Rillen gleitet, ebnet sie alle Kratzer ein. Dafür müssen Sie den

Vorgang mehrmals wiederholen. Gehen Sie vorsichtig und langsam vor, damit nicht noch mehr kaputtgeht. Wenn sich die Schallplatte danach immer noch nicht fehlerfrei abspielen lässt, brauchen Sie wohl Rat vom Spezialisten.

Eine verzogene Platte geradebiegen

Das ist sehr einfach. Legen Sie die Schallplatte zwischen zwei Glasplatten, und lassen Sie sie eine Zeit lang in der Sonne liegen. Aber nicht in der Gluthitze, bei der alles schmilzt, sondern in einer angenehmen Wärme, die das Vinyl langsam aufheizt und geradebiegt.

Eine verschmutzte Schallplatte reinigen

Vinyl ist empfindlich, und ätzende Substanzen bringen Ihre kostbare LP zum Schmelzen, aber mit einer einfachen Wasser-Spülmittel-Mischung können Sie alle unappetitlichen Verschmutzungen entfernen, die in den Rillen stecken und Ihnen den Musikgenuss verderben. Halten Sie die Schallplatte am Rand fest, damit Sie die Rillen nicht berühren, tauchen Sie sie dann in die Spülmittellauge, und achten Sie dabei darauf, dass das Papieretikett in der Mitte nicht nass wird. Drehen Sie die Platte weiter, spülen Sie sie dann mit lauwarmem Wasser ab und reiben Sie sie mit einem weichen Tuch trocken. Jetzt sollte sie wieder wie neu sein.

So reparieren Sie einen Videorekorder

Wenn Sie sich – anders als der Rest der Welt – noch keinen modernen DVD- oder Blu-ray-Player oder dergleichen zugelegt haben, können Sie mit den folgenden Tipps einige der häufigsten Videorekorderprobleme lösen, mit denen Sie eventuell konfrontiert werden...

Problem 1: Flimmerndes Bild

Wenn das Gerät verrückt spielt und das Bild flimmert, überprüfen Sie, ob die Kassette defekt ist, indem Sie sie auswerfen und eine andere einlegen. Falls es an der Kassette und nicht am Gerät liegt, lesen Sie einfach bei Problem 4 weiter.

Ändert das Auswechseln der Kassette nichts am Problem, können Sie noch das Tracking (die Spurlage des Bandes) justieren. Alle Videorekorder sollten einen Tracking-Knopf haben, der sich normalerweise vorn am Gerät, manchmal allerdings auch auf der Rückseite, befindet. Wenn Sie ihn gefunden haben, spielen Sie die Kassette ab und drehen Sie den Knopf nach links oder nach rechts, bis die Bildqualität wieder stimmt. Und schon läuft wieder alles, wie es sollte.

Problem 2: Kein Ton und/oder kein Bild

Ziehen Sie das Stromkabel des Videorekorders ab, und überprüfen Sie, ob alle anderen Verbindungen korrekt angeschlossen sind – Videorekorder zum Fernseher, Videorekorder zur Kabeldose/Satellitenschüssel, Fernseher zur Steckdose und ggf. Ausgangskabel für den Audiokanal. Vergewissern Sie sich, dass der Videorekorder auf TV eingestellt ist. Und wenn Sie schon dabei sind, wischen Sie das Gerät noch mit einem weichen, sauberen Tuch ab. Reinigen Sie alle Teile, die Sie ohne große Verrenkungen erreichen können – damit sind Knöpfe und Tasten gemeint.

Wenn auch das nichts hilft, bleibt Ihnen noch als letzte Möglichkeit, das Gerät auszuschalten, auszustöpseln und ein paar Minuten in Ruhe zu lassen – ein Stromstoß kann den einfältigen Mikrocomputer des Rekorders oft durcheinanderbringen, aber ein Ausschalten und Ausstöpseln des Geräts kann es ebenso oft wieder in Gang setzen. Schalten Sie es nach einigen Minuten wieder ein, und versuchen Sie Ihr Glück noch einmal. Falls der gewünschte Effekt ausbleibt, müssen Sie das Gerät wahrscheinlich zur Reparatur geben.

Problem 3: Bild- und Tonwiedergabe sind gestört

Setzt der Ton immer wieder aus oder ist das Bild verzerrt oder beides, lässt sich dies durch Justieren der Bandspur beheben. Wenn Sie den Tracking-Knopf gefunden haben (siehe Problem 1), drehen Sie ihn so lange nach links oder rechts, bis das Bild/der Ton wieder normal ist. Drehen Sie den Knopf aber wieder zurück auf »Neutral«, wenn Sie die Kassette fertig angeschaut haben.

Problem 4: Das Bild ist verschneit

In diesem Fall müssen Sie höchstwahrscheinlich die Magnetköpfe reinigen, denn im Lauf der Zeit können alte Videokassetten erhebliche Oxidablagerungen auf den Magnetköpfen des Rekorders hinterlassen. Dann entsteht ein verschneites Bild. Das mag noch in Ordnung sein, wenn gerade Wintersport läuft, aber bei *Rambo* ist es die reinste Qual.

Die Lösung – oder sagen wir *eine* Lösung – ist, eine Stunde lang eine unbespielte Kassette im Gerät abzuspielen. Dabei werden häufig die Magnetköpfe gereinigt und der Defekt ist behoben, ohne dass Sie sich weiter den Kopf zerbrechen müssen.

Falls diese Methode versagt, besorgen Sie sich eine Reinigungskassette für Videomagnetköpfe, die diese Arbeit erledigt, während Sie sich mit einer Tasse Tee aufs Sofa zurückziehen können. Kaufen Sie eine Kassette mit integrierter Reinigungsflüssigkeit, keine zum Trockenreinigen, denn die Lösung in einem Flüssigreiniger beseitigt Verkrustungen am Magnetkopf wirksamer. Versuchen Sie es damit auch, falls Ihr Rekorder zwar Videos abspielt, aber nicht mehr aufnimmt.

Problem 5: Bandsalat*

Weigert sich das Gerät, die Kassette auszuwerfen, schalten Sie es ab, ziehen den Stecker und lassen es einige Minuten stehen. Falls das Gerät nur ein bisschen spinnt, genügt es oft schon, wenn Sie es aus- und wieder einschalten. Andernfalls bleibt Ihnen als einzige Hoffnung nur, das Gerät aufzuschrauben. Das ist riskant, weil die Garantie erlischt, sobald Sie sich an den Innereien zu schaffen machen. Falls Sie das riskieren möchten, trennen Sie das Gerät vom Stromnetz und schrauben Sie das Oberteil Ihres Rekorders ab (Schrauben beiseitelegen und sich merken, wo sie hingehören). Zerren Sie nicht gleich am Band, wenn der Bandsalat in Sicht kommt, und vor allem nicht mit Gewalt – damit richten Sie garantiert noch mehr Schaden an.

Falls Ihr Rekorder so gebaut ist wie die meisten Geräte, werden Sie ein großes Zahnrad vorn an der Kassette sehen. Wickeln Sie das Band vorsichtig vom Videokopf ab, und drehen Sie dieses Rad dann manuell weiter. Jetzt sollte es das Band freigeben, sodass Sie es herausziehen können. Bandsalat ist oft ein Hinweis darauf, dass das Band selbst und nicht das Gerät beschädigt ist. Entsorgen Sie die defekte Kassette ge-

---

* Dieses Vorgehen setzt voraus, dass es im Gerät keine kaputten Teile oder Fremdkörper gibt oder es anderweitig beschädigt ist, sodass Sie den Mechanismus nicht in Gang setzen können. Liegt eine dieser Störungen vor, wenden Sie sich am besten an einen Fachmann.

gebenenfalls, schrauben Sie dann den Videorekorder wieder zu, und verbuchen Sie das Ganze einfach als interessante Erfahrung.

So beheben Sie Störungen am Computer

Es kommt häufig vor, dass der Computer einfach nicht hochfährt. Stellen Sie sich also vor, dass Sie beim telefonischen Kundendienst von einem herablassenden, gelangweilten IT-Menschen am anderen Ende der Leitung mit folgenden Fragen bombardiert werden:

1. Der Computer geht also nicht mehr? Haben Sie ihn eingeschaltet? **JA** ☐ **NEIN** ☐

2. Ist dieses dicke Stromkabel auf der Rückseite richtig eingesteckt? Ja, beide Enden, eines hinten im Computer, das andere an einer Stromquelle. Ja, mit Stromquelle meine ich natürlich eine Steckdose, aber ich versuche gerade, die Sache komplizierter zu machen. **JA** ☐ **NEIN** ☐

3. Funktioniert diese Stromquelle überhaupt? Schließen Sie probeweise ein anderes Elektrogerät an der Steckdose an, um zu überprüfen, ob sie voll funktionsfähig ist. **JA** ☐ **NEIN** ☐

4. Haben Sie nachgesehen, ob alle Kabel – Tastatur, Monitor und Maus – richtig angeschlossen sind?

JA ☐ **NEIN** ☐

Wenn ja, sehen Sie noch einmal nach, und ziehen Sie alle Anschlüsse ab und stecken Sie sie fest wieder ein. Überprüfen Sie auch gleich die Sicherung des Steckers, und tauschen Sie sie gegebenenfalls aus.

5. Hat Ihr Computer einen Überspannungsschutz mit einem Reset-Knopf? **JA** ☐ **NEIN** ☐

Wenn ja, drücken Sie diesen Knopf jetzt. Wenn es so einen Knopf nicht gibt, stecken Sie ein anderes Elektrogerät in einen der Anschlüsse des Überspannungsschutzes und vergewissern Sie sich, ob es immer noch funktioniert. Wenn der Überspannungsschutz defekt ist, besorgen Sie sich einen neuen mit Reset-Knopf.

6. Haben Sie überprüft, ob eventuell der Knopf für die Bildschirmhelligkeit abgedreht wurde? Sie könnten eine Überraschung erleben. **JA** ☐ **NEIN** ☐

7. Drücken Sie die Strg- oder die Enter-Taste auf der Tastatur, damit Sie sehen, ob sich der Computer nur im Stand-by-Modus befindet und den Monitor heruntergefahren hat. Oder drücken Sie den Power/Stand-by-Knopf, sofern einer vorhanden ist. Hilft Ihnen das weiter? **JA** ☐ **NEIN** ☐

8. Haben Sie alle Peripheriegeräte, die Sie am Computer angeschlossen haben – etwa einen Drucker oder ein externes Laufwerk –, ausgesteckt und den Computer neu gestartet? **JA** ☐ **NEIN** ☐

9. Falls es sich um einen Laptop handelt, nehmen Sie den Akku heraus. Entfernen Sie dort, wo Sie ihn herausgenommen haben, den Staub mit einem sauberen Tuch. Setzen Sie den Akku wieder ein und schalten Sie den Laptop wieder an. Funktioniert das?

JA ☐ **NEIN** ☐

10. Wenn nicht, ist vielleicht der Netzschalter des Computers defekt und muss ersetzt werden. Oder das Netzgerät im Computer hat den Geist aufgegeben und muss ebenfalls ersetzt werden. In beiden Fällen sind Sie als Laie damit überfordert. Ich komme in einer Stunde bei Ihnen vorbei und bringe das Ding für viel, viel Geld wieder zum Laufen.

ÄHM, ALSO GUT. SEUFZ. ☐

So reinigen Sie eine Maus*

Häufig versagt nicht der Computer, sondern die Maus. Das ist selten ein ernstes Problem – Staub und Gummiabrieb sammeln sich an und lagern sich an den Walzen im Mausinnern ab, sodass selbst einfachste Bewegungen zur nervlichen Zerreißprobe werden. Eigentlich ist das Reinigen einer Maus viel zu einfach, um Worte dafür zu verschwenden, aber na ja…

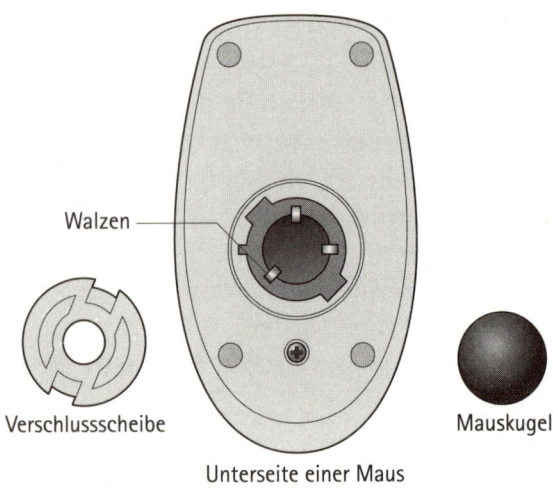

Walzen

Verschlussscheibe

Mauskugel

Unterseite einer Maus

Schritt 1: Fahren Sie den Computer herunter, ziehen Sie das Mauskabel heraus und drehen Sie die Maus um. Durch Drehen der Scheibe, welche die Ku-

---

* Eine Computermaus, keine echte.

gel umschließt, lässt sich die Maus öffnen, sodass Sie Scheibe und Kugel herausnehmen können – die Richtungspfeile auf der Unterseite geben an, in welche Richtung Sie die Scheibe drehen müssen.

Schritt 2: Waschen Sie die Kugel mit warmem Wasser ab, und entfernen Sie mit einem in Reinigungsalkohol getränkten Wattestäbchen den Staub im Innern.

Schritt 3: Kratzen Sie etwaigen Gummiabrieb an den drei Walzen mit einer Büroklammer ab, und reinigen Sie dann die Walzen mit dem Wattestäbchen.

Schritt 4: Lassen Sie alle Teile trocknen, und setzen Sie sie anschließend wieder zusammen. Schließen Sie die Maus an den Computer an, und fertig!

So befestigen Sie eine lockere Computertaste

Das jahrelange Klapper-di-klapp auf der Tastatur beansprucht diese ganz gewaltig, denn die Tasten sind aus billigem Plastik und wurden von einer gelangweilten Maschine in einer Fabrik eingesetzt. Glücklicherweise haben die meisten Tasten das gleiche Problem: Entweder sie fangen an zu wackeln oder sie lösen sich ganz. Folglich kann man sie auf dieselbe Weise wieder einsetzen, und das geht so:

Schritt 1: Unter der betreffenden Taste befindet sich eine winzig kleine Halterung – im Grunde genommen ein quadratisches Plastikteil, das etwas kleiner ist als die Taste und auf dem die Taste an jeder Ecke eingehängt wird. Hat sich die Taste gelöst, ist aber immer noch heil, schieben Sie sie einfach auf die Halterung zurück und drücken sie an den Ecken fest. Fertig!

Zwischenraum? Pah!

OhneeinefunktionsfähigeLeertastewürdedashierso- aussehen... ziemlich anstrengend. Ohne die Leertaste geht gar nichts, und deshalb müssen Sie sie dringend reparieren. Wie eine normale Taste muss auch eine Leertaste lediglich festgedrückt werden – mit einem kleinen Unterschied: Statt einer quadratischen Halterung wird sie normalerweise von einem längeren Metallstück gehalten, das so lang ist wie die Taste selbst. Falls sich dieses Metallstück lockert oder mit der Leertaste löst, hebeln Sie die Leertaste vorsichtig mit einem Schraubendreher vom Metallstück ab. Dann setzen Sie zunächst das Metallstück wieder in die Tastatur ein – normalerweise mittels Drahtschlaufen. Drücken Sie danach die Leertaste wieder fest an ihren Platz, und dann sollten Sie eigentlich wieder wie gewohnt Leerräume in Ihrem Text einfügen können.

Schritt 2: Falls die Taste aber beschädigt oder gar nicht mehr vorhanden ist, müssen Sie eine neue kaufen (einzeln erhältlich beim Computerhändler) und dann der obigen Anweisung folgen.

So verbessern Sie den UKW-Empfang

Ein Funksignal wird schwächer, je weiter Sie vom Sender entfernt sind und wenn große Gebäude und Hügel den Weg des Signals blockieren. Die Ideallösung wäre, näher an den Sender zu rücken. Dadurch würde der Empfang garantiert deutlich und klar. Da dies in der Regel aber ein völlig untauglicher Vorschlag ist, werden Sie mit den folgenden Tipps vermutlich besser zurechtkommen:

Möglichkeit 1: Entfernen Sie das Radio von anderen Geräten, um die Wahrscheinlichkeit von Störungen zu verringern – dichter an ein Fenster wäre eine gute Möglichkeit. Ziehen Sie dann die Teleskopantenne des Geräts heraus, und drehen Sie sie in Richtung Sender. Falls Sie nicht gerade im Schatten Ihres nächstgelegenen Senders wohnen, müssen Sie die Richtung wahrscheinlich erst herausfinden – informieren Sie sich im Internet, wo in Ihrer Wohngegend die Sender stehen, und drehen Sie die Antenne in die entsprechende Richtung.

Möglichkeit 2: Auch eine Umstellung von »Stereo« auf »Mono« kann helfen. Wenn Ihr Radio eine automatische Frequenzkontrolle hat (AFC), sollte Sie diese ebenfalls nutzen, um Verzerrungen zu reduzieren.

Möglichkeit 3: Schließen Sie falls möglich eine externe Antenne oder eine Fernsehantenne an Ihr Radio an, um das Signal zu verstärken. Suchen Sie auf der Geräterückseite nach einer Schraube oder einer buchsenähnlichen Verbindung, die mit ANT oder FM ANT beschriftet ist, und erkundigen Sie sich bei Ihrem Elektrohändler, welche Antenne für Ihr Radio am besten geeignet ist.

So erhöhen Sie die Leistung eines Staubsaugers

Ein Staubsauger, der weder Staub noch Schmutz aufnimmt, bringt Ihnen gar nichts – ehe Sie sich umschauen, waten Sie knietief in Wollmäusen und ähnlichen ekligen Rückständen. Was für ein Glück, dass Sie mit ganz einfachen Mitteln etwas dagegen tun können.

Test 1: Sehen Sie nach, ob der Schlauch (siehe Abbildung) verstopft ist: Es sammeln sich schnell Haare und Schmutz darin an und vermindern den Luftstrom, aber sie lassen sich einfach mit der Hand beseitigen – oder Sie stochern ein bisschen mit einem aufgebogenen Kleiderbügel in dem Schlauch.

Drehen Sie die Enden des Rohrs ab und sehen Sie nach, ob sie verstopft sind; lassen Sie versuchsweise eine Münze durch den Schlauch fallen. Wenn sie sauber wieder herausfällt, ist er höchstwahrscheinlich nicht verstopft. Andernfalls beseitigen Sie alle Verstopfungen und stecken Sie die Münze wieder in die Tasche, bevor Sie den Staubsauger einschalten – sonst scheppert sie im Rohr herum und richtet Schaden an.

Überprüfen Sie zum Schluss, ob der Staubsaugerschlauch voll funktionsfähig ist. Umwickeln Sie vorhandene Risse mit Klebeband, dann saugt er wieder besser.

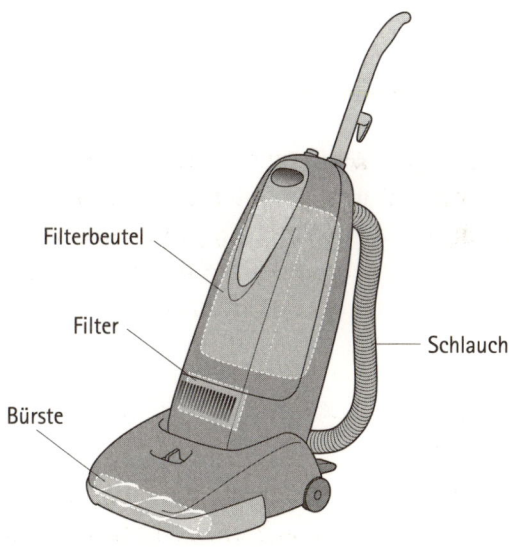

Filterbeutel

Filter

Schlauch

Bürste

93

Test 2: Falls der Staubsauger einen Filterbeutel hat, überprüfen Sie, ob die Öffnung verstopft ist – auch dies kann die Saugleistung des Geräts erheblich vermindern. Auch ein feuchter Beutel (weil nasse Stellen abgesaugt wurden) kann die Saugleistung stark reduzieren. Setzen Sie einen neuen Beutel ein – das sollte ohnehin alle sechs Monate passieren –, und lassen Sie feuchte Stellen in Zukunft aus.

Test 3: Vergewissern Sie sich, dass die Filter nicht mit Schmutz und Ablagerungen verstopft sind. Nehmen Sie die Filter wenn möglich heraus und reinigen Sie sie mit der Hand in warmer Seifenlauge. Außerdem sollten Sie mindestens einmal im Jahr neue Filter einsetzen, damit Ihr Gerät weiterhin Höchstleistungen erbringen kann.

Test 4: Sehen Sie zum Schluss nach, ob womöglich auch in der Staubsaugerbürste Haarballen stecken. In diesem Fall kann die Luft nicht mehr richtig strömen. Holen Sie die Haarbüschel mit der Hand heraus und werfen Sie sie in den Abfall – oder weben Sie daraus einen kleinen Umhang für eine Wollmaus.

TEIL 3

WEISSE WARE (KLEIN UND GROSS)

Mit weißer Ware meine ich Waschmaschinen, Kühlschränke und Geschirrspüler, die plötzlich aus unerfindlichen Gründen anfangen zu wackeln, zu rattern und quer durch den Raum zu tanzen und dann ein Leck bekommen, sodass Sie ratlos in einer Wasserlache stehen. Dazu gehören auch der Mixer, der nicht mehr mixt, der Toaster, der nicht mehr toastet, und der Wasserkocher, der Wasser kocht, das anschließend nach Sägespänen schmeckt. Weiße Ware gibt es in allen möglichen Formen und Größen und kann auf unzählige Arten den Dienst verweigern. Zum Glück lassen sich die meisten Geräte ohne viel Aufwand reparieren.

Warnung!

Die folgenden Reparaturtipps sind deshalb aufgeführt, weil sie für den Durchschnittslaien unkompliziert und gefahrlos durchführbar sind. Wenn Ihnen die Vorstellung, mit Kabeln zu hantieren oder Geräte auseinanderzunehmen, unbehaglich ist, dann lassen Sie besser die Finger davon und überlassen solche Arbeiten *immer* einem Fachmann.

Achten Sie außerdem bei Reparaturen, bei denen Wasser im Spiel ist, unbedingt darauf, dass Sie den Wasserzulauf für das betreffende Gerät abstellen – sonst stehen Sie auf einmal in einer Pfütze oder es gibt eine Überschwemmung, die das Problem noch viel schlimmer macht.

So reparieren Sie einen Wasserkocher

Die häufigste Klage im Zusammenhang mit einem Wasserkocher ist nicht, dass er nicht mehr funktioniert, sondern dass das gekochte Wasser faulig schmeckt. Grund dafür ist Kalk, der in Gegenden mit hartem Wasser vorkommt und sich im Lauf der Zeit im Kocher ablagert. Sie könnten jetzt natürlich in eine Gegend mit weicherem Wasser ziehen oder das Gerät wegwerfen und sich ein neues kaufen, aber diese beiden Möglichkeiten sind extrem und entsprechen nicht der Absicht dieses Buchs. Die Lösung lautet also, den Wasserkocher zu entkalken, und das geht in zwei einfachen Schritten:

Schritt 1: Füllen Sie den Kocher zu gleichen Teilen mit kaltem Wasser und Weißweinessig und lassen Sie die Flüssigkeit aufkochen. Diese stinkende Brühe müssen Sie 24 Stunden einwirken lassen, und das heißt, dass Sie Ihr Wasser in der Zwischenzeit entweder in einem Topf auf dem Herd kochen müssen wie zu Kriegszeiten oder eine Zeit lang nur noch Kaltes trinken.

Alternative

Manche Leute – die Ungeduldigen und Eigenwilligen – empfehlen, Cola in den Kocher zu gießen und sie über Nacht einwirken zu lassen, sodass sämtliche Kalkablagerungen beseitigt werden. Spülen Sie nachher gründlich nach, sonst schmeckt Ihr heißes Getränk nach klebrigem Zucker, der Ihre Zähne verfaulen lässt.

Schritt 2: Nach 24 Stunden schrubben Sie den Kocher innen mit einer alten Zahnbürste aus, um hartnäckigen Kalk zu entfernen. Füllen Sie anschließend frisches Wasser nach, kochen Sie es auf und spülen Sie damit nach. Der Kocher ist jetzt entkalkt und sollte

wieder wie neu sein. Falls sich ein schwacher Essig-
geruch bemerkbar macht, kochen Sie noch einmal
Wasser auf und spülen nach.

So bringen Sie eine Mikrowelle wieder in Ordnung

Der Mikrowellenherd ist das Gefährlichste, was Sie in
Ihrer Küche haben, es sei denn, Sie laden einen Se-
rienmörder zu einem Tässchen Tee ein. Aber selbst
mit dem könnte so ein Gerät mithalten, denn in seinem Innern lauern fürchterlich hohe Stromspannun-
gen und Stromstärken. Und wenn Sie den Stecker aus
der Steckdose ziehen, lebt es dank eines Hochspan-
nungskondensators weiter, der eine gefährliche La-
dung birgt, sodass die Mikrowelle noch einige Zeit
lang bedenklich aggressiv ist. Wenn Sie die Abdeckung öffnen und drinnen mit einem Schraubenzieher herumstochern, fordern Sie Probleme geradezu
heraus und es könnte Sie das Leben kosten (zurück
bliebe ein Büschel gekräuselter, angesengter Haare).
Wenn Ihre Mikrowelle also streikt und mehr als eine
ganz normale Problembehebung angesagt ist (wie auf
der nächsten Seite detailliert beschrieben), ziehen Sie
einen ausgebildeten Fachmann zurate und lassen Sie
ihn *sein* Leben riskieren. Falls hingegen einfache Lösungen ausreichen, lesen Sie weiter...

Problem 1: Die Mikrowelle funktioniert nicht mehr

Schritt 1: Wenn das Gerät eingesteckt ist und mit den Anschlüssen alles in Ordnung zu sein scheint, überprüfen Sie die Sicherung. Oft brennt die Sicherung eines Mikrowellenherds durch, wenn man die Tür zu fest zuschlägt, und mit durchgebrannter Sicherung funktioniert das Gerät nicht.

Schritt 2: Normalerweise befindet sich die Sicherung im Innern des Gehäuses. Trennen Sie das Gerät vom Stromkreis, bevor Sie die Halteschrauben entfernen und das Gehäuse vorsichtig abnehmen.

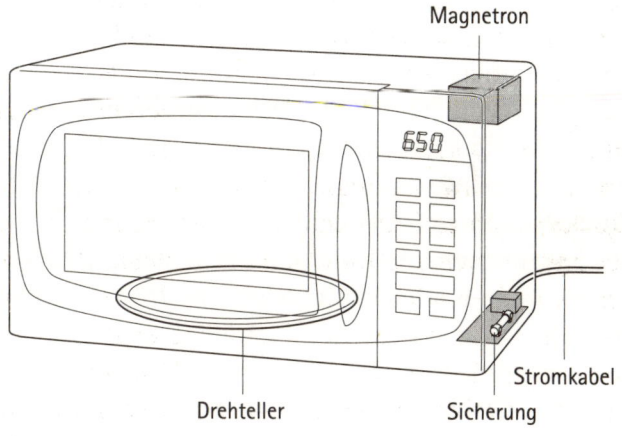

Schritt 3: Verfolgen Sie das Stromkabel ins Gerät – es führt Sie zum Sicherungshalter – die Sicherung selbst ist zylindrisch, ungefähr zweieinhalb Zentimeter lang

und hat Metallenden. Wenn sie durchgebrannt ist, sieht sie geschwärzt und verbrannt aus.

Schritt 4: Auch wenn sie nicht durchgebrannt aussieht, ersetzen Sie sie bei dieser Gelegenheit, dann sind Sie auf der sicheren Seite. Es muss allerdings **genau derselbe Typ Sicherung mit demselben Sicherungswert** sein, sonst fliegt sie wieder raus und es gibt womöglich noch größere Probleme.

Schritt 5: Setzen Sie das Gehäuse wieder auf, schrauben Sie es fest, schließen Sie das Gerät an und prüfen Sie, ob es jetzt richtig funktioniert. An dieser Stelle möchte ich noch eine allgemeine, aber ganz wichtige Regel erwähnen: Lassen Sie die Mikrowelle nie ohne Inhalt laufen. Dadurch geht das Magnetron kaputt (das die Mikrowelle im Wesentlichen mit Energie versorgt) und verschlimmert Ihre Probleme.

Problem 2: Im Inneren sprühen Funken
Höchstwahrscheinlich befindet sich etwas im Herd, das sich mit den herumhüpfenden Mikrowellen nicht verträgt. Daher...

Schritt 1: Sehen Sie nach, ob sich im Garraum irgendwelche Aluminiumteile oder andere Gegenstände mit Metallkanten oder -verzierungen befinden. Es ist wissenschaftlich bewiesen, dass diese Teile Funken sprühen und Mikrowellenherde total durcheinanderbringen.

Schritt 2: Überprüfen Sie außerdem, ob die Innenbeschichtung eventuell an irgendeiner Stelle rissig oder abgeblättert ist – wenn dadurch eine freiliegende Metalloberfläche entstanden ist, haben Sie das gleiche Problem. Lackieren Sie die Stelle deshalb mit einer geeigneten hitzebeständigen Farbe oder Epoxidharz.

Schritt 3: Auf Funkenbildung müssen Sie sich auch dann gefasst machen, wenn Sie Speisen oder angebrannte Reste im Garraum zurückgelassen haben. Reinigen Sie ihn gründlich mit Wasser und Seife oder schleifen Sie, wenn das nichts hilft, Brandflecken mit Sandpapier ab. Streichen Sie die Stelle, falls erforderlich, mit geeigneter Farbe.

Problem 3: Der Drehteller dreht sich nicht
Ein Drehteller, der sich nicht mehr dreht, ist nur noch ein Teller – und das ist für das Garen von Speisen in der Mikrowelle gar nicht gut.

Schritt 1: Überprüfen Sie, ob die Rollen und das Drehgestell, auf dem der Drehteller liegt, richtig angebracht sind oder ob Speisereste den Teller blockieren, sodass er sich nicht mehr richtig drehen kann.

Schritt 2: Vergewissern Sie sich, dass auch das Glastablett, auf das Sie Behältnisse stellen, korrekt angebracht ist und sich störungsfrei dreht.

Schritt 3: Nehmen Sie das Tablett aus dem Herd und entfernen Sie durch gründliches Waschen störende Rückstände. Sie sollten alle Teile herausnehmen und reinigen, bei denen dies möglich ist. Passen Sie aber auf, dass Sie sie in genau der Reihenfolge wieder einsetzen, wie es vom Erfinder der Mikrowelle vorgesehen war.

Schritt 4: Große Töpfe, die Sie in die Mikrowelle stellen, dürfen nicht so breit sein, dass sie scheppernd an die Wände schlagen, denn dann kann sich der Drehteller nicht ordnungsgemäß und gleichmäßig drehen.

Falls das Ganze jedoch nach einem defekten Drehmechanismus aussieht, muss das Ding auseinandergenommen und ersetzt werden – und das kann leider nur ein qualifizierter Fachmann machen.

Problem 4: Die Mikrowelle wird nicht heiß

Schritt 1: Damit ein Mikrowellenherd ordnungsgemäß funktioniert, dürfen sich an den Innenwänden keine schmierigen Ablagerungen und verkrustete, angetrocknete Speisereste befinden, sonst hüpfen die Wellen im Innern nicht so, wie sie sollen, und Ihre Speisen werden nicht warm. Gewöhnen Sie sich an, nach jeder Benutzung alle Wände mit einem milden Spülmittel, warmem Wasser und einem sauberen Schwamm zu reinigen.

Schritt 2: Horchen Sie auch auf ungewöhnliche Geräusche, vor allem ein verdächtiges Summen, das ein Hinweis auf Probleme mit dem Magnetron, dem Hauptgenerator Ihrer Mikrowelle, sein kann. Ein Summen deutet möglicherweise auf einen Defekt hin, sodass das Magnetron von einem qualifizierten Spezialisten ausgetauscht werden muss.

Problem 5: Die Tasten auf der Steuertafel reagieren nicht mehr

Möglicherweise sind sie nach der Reinigung noch feucht. Reinigen sollten Sie das Bedienfeld regelmäßig, damit sich keine schmierigen Rückstände und – ja! – kleine Insekten ansammeln, die sich vom Geruch der Speisen und der Wärme der Leiterplatte angezogen fühlen. Sobald die Tasten wieder richtig trocken sind, sollten sie wie gewohnt funktionieren. Lassen Sie es gar nicht so weit kommen, dass sich Schmutz und Insekten auf den Tasten ablagern, aber seien Sie nicht allzu großzügig mit Wasser, denn sonst geben die Tasten ihren Geist bald völlig auf.

So schärfen Sie Mixermesser

Stumpfe Mixermesser sind unbrauchbar, wenn man schnell sperriges Gemüse zu Mus verarbeiten möchte. Sie müssen gefährlich scharf sein und sich wirklich mit Höchstgeschwindigkeit drehen. Ist das nicht mehr der Fall, kann der folgende Vier-Schritte-Aktionsplan helfen:

Schritt 1: Schalten Sie den Mixer sicherheitshalber aus, und trennen Sie ihn vom Stromnetz, bevor Sie sich ans Werk machen – auch mit stumpfen Messern können Sie sich noch die Finger absäbeln. Mixer werden mit der Zeit träge, aber schuld daran sind meistens nur Rückstände, die das Messer blockieren und die sich mühelos mit der Hand entfernen lassen. Heben Sie den Messerstern also heraus, und reinigen Sie ihn vorsichtig mit einem Tuch oder einer Bürste.

Schritt 2: Bei hartnäckigen Rückständen füllen Sie je eine Tasse Backpulver und Wasser in den Mixbehälter und lassen diese Mischung einwirken. Nach ein bis zwei Stunden sollten sich die Rückstände gelöst haben. Schalten Sie das Gerät dann ein und zerkleinern Sie sie auf Höchststufe. Spülen Sie den Mixbehälter anschließend ordentlich unter heißem Wasser ab.

Schritt 3: Um stumpfe Messer aufzufrischen, füllen Sie den Mixbehälter zur Hälfte mit warmem Seifenwasser und lassen das Gerät auf Höchststufe zehn Sekunden laufen. Geben Sie dann ein paar Eiswürfel in die Mischung und schalten Sie das Gerät wieder ein. Wiederholen Sie diese Schritte, falls erforderlich – die Messer werden dadurch wie durch Zauberhand wieder scharf, Ihr Mixer hält länger, und Sie müssen sich keinen neuen anschaffen.

Schritt 4: Falls die Messer scharf genug sind, beim Rotieren aber rattern und vibrieren, müssen Sie unter Umständen den Antriebszapfen justieren – das ist gar nicht schwer. Suchen Sie auf dem Mixersockel die Antriebswelle – ihre Basis sollte aus dem Motorboden herausstehen –, darauf finden Sie den Antriebszapfen, der das ganze Ding zusammenhält. Er muss fest sitzen, um die Messer festzuhalten. Ziehen Sie ihn also, falls nötig, mit einer Zange fest, aber nicht zu fest. Ist er ausgeleiert oder beschädigt, schrauben Sie ihn ab und setzen einen neuen, gleich großen Zapfen ein.

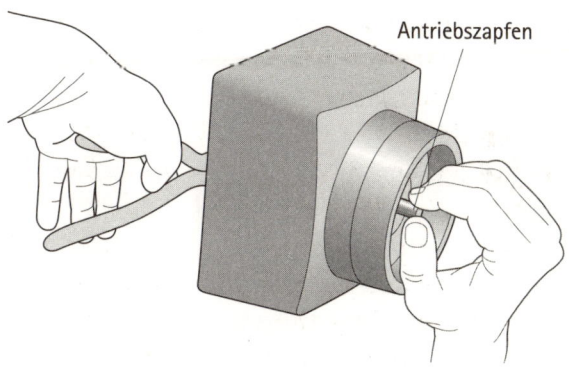

Antriebszapfen

So machen Sie Ihren Toaster wieder funktionsfähig

Toaster sollen das Brot mithilfe eines Schlittens in die glühenden Schächte hinunterbefördern, aber jedes Mal, wenn der Schlitten nach unten gedrückt wird und wieder hochspringt, fallen unweigerlich Brotkrümel in den Toaster, die sich im Lauf der Zeit ansammeln und den Mechanismus beeinträchtigen. Sie müssen deshalb entfernt werden. Gehen Sie folgendermaßen vor, damit Ihre Brotscheiben wieder wie gewohnt herausspringen:

Schritt 1: Ziehen Sie das Toasterkabel aus der Steckdose, und gehen Sie mit dem Gerät zum Abfalleimer.

Schritt 2: Falls der Toaster ein ausziehbares Krümeltablett hat, nehmen Sie es heraus und leeren die Krümel in den Abfall.

Schritt 3: Klopfen Sie den Toaster auf beiden Seiten vorsichtig ab, und stellen Sie ihn auf den Kopf, damit wirklich alle Krümel herausfallen. Vermeiden Sie heftiges Schütteln, sonst verschieben oder beschädigen Sie die empfindlichen Heizelemente und der Toaster toastet sich selbst. Wenn Sie es besonders gründlich machen wollen, entfernen Sie hartnäckige Rückstände mit einer Dose Druckluftreiniger oder einem sauberen Bürstchen.

Schritt 4: Hier sollte eigentlich ein etwas ausführlicherer vierter Lösungsschritt stehen, aber den gibt es nicht. Damit Ihr Toaster immer gesund und munter ist, müssen unbedingt die Krümel entfernt werden. Falls Sie ihn nicht regelmäßig leeren, kann bereits eine einfache Blockierung des Schlittens zu gravierenderen Problemen führen – die Krümel beschädigen unter Umständen das Heizelement, beeinträchtigen die Magnetsteuerung (welche die Arretierung löst) und blockieren die Arretierungssperre, sodass Sie nicht zu Ihrem wohlverdienten Frühstückstoast kommen. Deshalb sollten Sie den Toaster mindestens einmal wöchentlich sauber machen.

Warnung!

Sollten diese einfachen Ratschläge zur Krümelentfernung nicht helfen, ist die Sache vielleicht komplizierter und es könnte beispielsweise ein Heizelement, die Magnetsteuerung oder der Thermostat defekt sein. Dies würde meistens bedeuten, dass Sie den Toaster auseinandernehmen und sich an seinen Eingeweiden zu schaffen machen müssen – das wäre gefährlich. Im besten Fall sind dann die ganzen Kleinteile in der Gegend verstreut, im schlimmsten Fall jagen je nachdem 220 bis 340 Volt durch Ihren Körper. Wenden Sie sich lieber an einen Fachmann.

So reparieren Sie eine undichte Waschmaschine

Wenn sich Wasser in der Maschine befindet, ist dagegen nichts einzuwenden, es ist eine absolute Notwendigkeit. Nicht so erfreulich ist hingegen, wenn sich ein Schwall seifiges Wasser quer über den ganzen Küchenboden ergießt – hier müssen Sie sofort eingreifen. Diese »Krankheit« kommt häufig vor, und die größte Schwierigkeit besteht darin, die Ursache für das Leck zu finden.

Warnung!

Bevor Sie die folgenden Tests durchführen, schalten Sie die Hauptstromversorgung der Waschmaschine aus und drehen die Hauptwasserzufuhr ab, um eine echte Überschwemmung zu vermeiden.

Test 1: Lockere Rohranschlüsse
Die Wasseranschlüsse befinden sich auf der Rückseite der Waschmaschine und sollten alle festgezogen werden, sofern sie sich auch nur ein bisschen gelockert haben.

Test 2: Verschleißerscheinungen
Schäden rund um die Türdichtung – die Gummidichtung, die die Verbindung zwischen Waschtrommel und Außengehäuse darstellt und rings um die

Tür eingebaut ist – können ein Chaos verursachen. Gewöhnlich verhindert die Dichtung ein Auslaufen des Wassers, aber durch normalen Verschleiß wird sie spröde und rissig und muss gegebenenfalls ausgetauscht werden. Aber nicht von Ihnen, sondern von einem Fachmann – bei allem Respekt!

Test 3: Das Ablaufrohr

Es befördert das Waschabwasser über einen Siphon (ein U-förmig gekrümmtes Rohr, siehe Abbildung) ins Hauptabwasserrohr. Der Siphon verstopft aber schnell durch einen seifigen Pfropfen, sodass das Wasser dorthin zurückschießt, wo es hergekommen ist, und sich über Ihren Küchenfußboden ergießt. Verfolgen Sie den Lauf des Ablaufrohrs aus der Maschine bis zum Siphon und montieren Sie diesen vorsichtig ab. Entfernen Sie den Pfropfen mit der Hand und schrauben Sie den Siphon wieder dran.

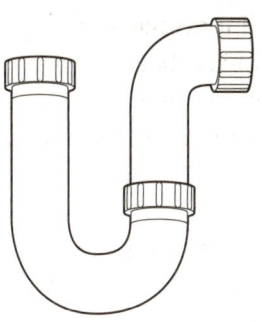

Test 4: Die Waschmittelkammer

Sie läuft häufig über, weil Waschpulverklumpen sie verstopfen. Wenn sich das Pulver nicht bei jedem Waschgang auflöst, bildet sich irgendwann ein seifiger Klumpen, sodass das Wasser überläuft. Entfernen Sie überschüssiges Pulver mit der Hand und spülen Sie Rückstände in der Kammer mit kochendem Wasser fort. Bei Bedarf so lange wiederholen, bis die Blockade beseitigt ist.

Falls nichts von alledem hilft und die Maschine weiterhin Wasser verliert, liegt es vielleicht an einem defekten Wasserstandssensor: Dann läuft zu viel Wasser ein und überflutet den Fußboden. Die Reparatur des Sensors ist eine komplizierte Angelegenheit, die Sie einem Installateur überlassen sollten.

So bringen Sie eine lahme Waschmaschine wieder auf Touren

Hier hilft ein ordentlicher Schuss Weißweinessig. Kalkablagerungen in der Maschinentrommel und den Innenrohren können die Geräteleistung beeinträchtigen, sodass Sie die Waschmaschine am liebsten entsorgen und eine neue kaufen würden. Das wäre allerdings Verschwendung, zumal Sie das Problem oft ganz einfach lösen können, indem Sie einen Schuss

Weißweinessig in die Waschmittelkammer gießen und die Maschine dann wie gewohnt mit dem üblichen Programm laufen lassen. Diese Wunderarznei zersetzt den Kalk und macht Ihre Waschmaschine im Handumdrehen wieder leistungsfähiger.

So bringen Sie eine geräuschvolle Waschmaschine zum Schweigen

Alle Waschmaschinen machen Lärm, aber es sollte Ihnen nicht gleich der Kopf dröhnen, wenn Sie unmittelbar danebenstehen. Sehr wahrscheinlich liegt hier eines der folgenden Probleme vor.

Problem 1: Sie haben die Maschine mit Wäsche überladen, sodass die Trommel unwuchtig wird und im Schleudergang rumpelt und rattert. Unterbrechen Sie in diesem Fall das Programm, nehmen Sie ein paar Teile heraus und schalten Sie das Gerät wieder an.

Problem 2: Wenn Ihre Waschmaschine wackelt und bebt und herumtanzt, sind höchstwahrscheinlich die vier Füße nicht mehr gleich lang – kein Wunder, schließlich leistet sie Ihnen schon seit Monaten oder Jahren mit dem Bauch voller Wäsche treue Dienste! Legen Sie eine Wasserwaage an den hinteren Rand auf die Waschmaschine, und gleichen Sie, falls nötig, die Höhe der Füße mit einem verstellbaren Schraubenschlüssel wieder aus. Machen Sie das Gleiche an den anderen drei Seiten des Geräts, aber beachten Sie, dass die Waschmaschine auf kürzeren Füßen stabiler steht.

Ist Ihr Problem damit nicht gelöst, ist vermutlich der Boden uneben und Sie sollten einen Umzug in Erwägung ziehen. Oder die Sache ist komplizierter, und Sie wissen ja, wen Sie dann anrufen müssen...

So bekommen Sie eine Waschmaschinentür auf, die sich nicht öffnet

Das ist wirklich übel! Ihre gesamte Unterwäsche ist in der Trommel, Sie haben für die nächste Woche nichts Sauberes zum Anziehen und müssen wohl oder übel unten ohne auf die Straße gehen. Oh weh!

Keine Panik! Wenn sich herausstellt, dass Sie sich nicht von einem Zeituhrmechanismus haben narren lassen und die Maschine nicht nur darauf wartet, dass das Wasser abläuft, um sich dann zu öffnen (das geschieht meistens eine Minute nach Beendigung des Waschprogramms), dann müssen Sie sich die Verriegelung genauer ansehen. Die Modelle sind zwar unterschiedlich, aber an die Verriegelung gelangen Sie oft, indem Sie die obere Abdeckung des Geräts entfernen. In diesem Fall drehen Sie den Hauptstrom für die Maschine ab und tasten im Innenraum nach der Verriegelung. Diese befindet sich hinter der Öffnung, wo die Türarretierung ins Gehäuse einrastet, und lässt sich oft durch ruckartiges Ziehen mit der Hand lösen. Falls dies klappt, das Problem aber weiterhin besteht, muss wahrscheinlich der Mechanismus ausgetauscht werden, und dafür brauchen Sie einen Experten. Ebenso, wenn Sie von oben nicht an die Verriegelung herankommen.

So helfen Sie einem schlappen Geschirrspüler auf die Sprünge

Die Leistung eines Geschirrspülers lässt mit der Zeit oft nach. Ursache sind aber seltener mechanische Störungen als vielmehr Unwissenheit: Lesen Sie in der Bedienungsanleitung nach, ob Sie den Geschirrspüler auch wirklich richtig einräumen. Wenn Sie das ganze schmutzige Geschirr achtlos hineinstellen – die größeren Teile vorn und die kleineren hinten –, blockieren Sie womöglich den so überaus wichtigen Sprüharm (den Arm, aus dem Wasser ins Gerät spritzt). Wenn ihm überstehende Topfgriffe oder schlecht eingeräumte Teller im Weg sind, kann er nicht richtig sprühen. Genausogut kann aber auch ein verstopfter Sprüharm Ursache des Problems sein. Das heißt, dass Kalksplitter oder kleine Speisereste in den Sprühöffnungen hängen geblieben sind. Dies lässt sich leicht beheben...

Schritt 1: Ziehen Sie den Gerätestecker, und stellen Sie die Stromversorgung ab. Entfernen Sie den oder die Sprüharme, indem Sie die Haltemutter lösen oder abschrauben.

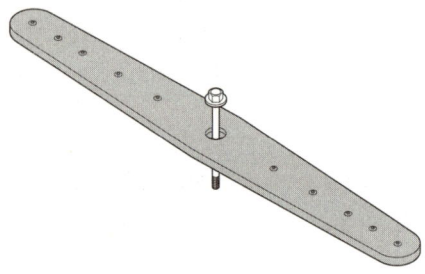

Schritt 2: Spülen Sie die Rückstände ab, und reinigen Sie die verstopften Düsen mit einem Zahnstocher, bevor Sie den Arm wieder befestigen. Jetzt sollte Ihr Geschirrspüler wieder einwandfrei funktionieren.

Bitte beachten Sie auch, dass Teller nicht mit kaltem Wasser sauber werden. Die Wassertemperatur muss auf circa 50 Grad Celsius eingestellt werden, damit sich die Mischung aus Spülmittelpulver und Fett auflöst. Zum Schluss möchte ich Ihnen noch einen Rat geben: Lassen Sie keine anderen wasserbetriebenen Geräte (z.B. die Waschmaschine) gleichzeitig mit dem Geschirrspüler laufen. Damit ermöglichen Sie einen maximalen Wasserdruck und eine bessere Leistung.

So machen Sie einen schadhaften Kühlschrank wieder funktionsfähig

Damit der Aufschnitt kühl bleibt und die Butter nicht dahinschmilzt, muss ein Kühlschrank genau die richtige Temperatur haben – und die hat er nicht, wenn er kaputt ist.

Ursache ist oft, dass die Temperatursteuerung nicht richtig funktioniert oder die Kühlrippen gründlich gereinigt werden müssen. Aber schön der Reihe nach:

Problem 1: Die Temperatursteuerung ist defekt

Zunächst einmal sollten Sie wissen, dass es bei einem neuen Kühlschrank bis zu 24 Stunden dauern kann, bis die Temperatur auf den erforderlichen Stand gefallen ist. Wenn Sie das Gerät also gerade erst gekauft haben, entspannen Sie sich und schlafen Sie eine Nacht drüber. Ist der Kühlschrank nicht neu und sein Innenraum zu warm, überprüfen Sie die Temperatursteuerung. Sie befindet sich meistens im Kühlschrankinnern und kann versehentlich einen Stoß abkriegen, wenn Sie Ihre Lebensmittel hineinstellen.

Lesen Sie in der Bedienungsanleitung bei »Temperatureinstellungen« nach, und korrigieren Sie diese gegebenenfalls.

Die Temperatur wird – vor allem im Gefrierfach und in den Frischefächern – auch beeinflusst, wenn dauernd jemand die Kühlschranktür öffnet. Überlegen Sie also, ob Sie ein Vorhängeschloss anschaffen sollen, oder stellen Sie die Temperatur zum Ausgleich etwas niedriger ein.

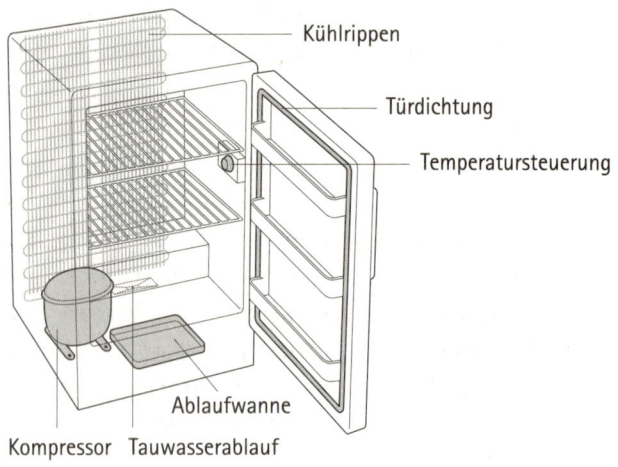

Kühlrippen

Türdichtung

Temperatursteuerung

Ablaufwanne

Kompressor   Tauwasserablauf

Problem 2: Die Kühlrippen

Die Kühlrippen sind die kleinen Kondensatorspulen, durch die ständig kalte Luft strömt, damit die Temperatur im Kühlschrank niedrig bleibt. Im Lauf der Zeit lagern sich Staub und Schmutz an den Spulen ab, sodass sie heißlaufen, nervtötend brummen, Ihre Stromrechnung in schwindelnde Höhen treiben und Ihre gesamten Käsevorräte verderben. Die Kühlrippen sollten deshalb zweimal im Jahr gewartet werden, damit sie sauber bleiben. Wenn Sie wissen möchten, wie Sie dies selbst bewerkstelligen können, lesen Sie weiter.

Warnung!

Der Kühlschrank ist ein kompliziertes Ding, und er nimmt es Ihnen mit Sicherheit übel, wenn Sie an ihm herumrütteln oder ihn auf den Kopf stellen. Vielleicht geht es Ihnen besser, wenn Sie ihm einen Tritt versetzen, aber erwarten Sie nicht, dass er danach wieder richtig funktioniert. Einen Kühlschrank (und einen Gefrierschrank) sollten Sie grundsätzlich immer aufrecht aufstellen, um Schäden zu vermeiden, die sich nur für viel Geld beheben lassen. Wenn Sie mit dem Gedanken spielen, sich an der Verkabelung Ihres Kühlschranks zu schaffen zu machen – lassen Sie es. Dieses Buch zeigt Ihnen, wie Sie es vermeiden können, Ihr sauer verdientes Geld zum Fenster hinauszuwerfen, aber wenn Sie durch das Anheuern eines Experten einen Stromschlag vermeiden können, lohnt sich die Investition.

Schritt 1: Ziehen Sie den Kühlschrankstecker und suchen Sie nach den besagten Rippen – normalerweise sind sie an der Rückseite oder am Boden montiert und manchmal hinter einer abnehmbaren Abdeckung verborgen.

Schritt 2: Entfernen Sie den Staub vorsichtig mit einer Bürste oder einem Staubsauger, und beseitigen Sie hartnäckige Rückstände mit milder Seifenlauge.

Messen Sie die Temperatur

Zur Überprüfung der Kühlschranktemperatur nehmen Sie alles heraus und stellen den Thermostatschalter auf die niedrigste Stufe. Stellen Sie für 24 Stunden ein Glas kaltes Leitungswasser in die Mitte des Kühlschranks und messen Sie anschließend die Wassertemperatur mit einem Kühlschrankthermometer. Falls die Temperatur nicht auf einen Wert zwischen null und fünf Grad Celsius fällt, überprüfen Sie, ob der Thermostatsensor mit Speiseresten verkrustet ist, denn dann käme ein falsches Messergebnis heraus. Ist der Sensor sauber, ist wahrscheinlich der Thermostat defekt und muss von einem qualifizierten Fachmann ausgetauscht werden.

Schritt 3: Falls Ihr Kühlschrank auf der Rückseite einen Ventilator hat, suchen Sie nach der Zugangsklappe und entfernen Sie wie in Schritt 2 etwaige Ablagerungen.

So reparieren Sie einen undichten Kühlschrank

Eine kleine Pfütze unten im Kühlschrank ist zwar etwas beunruhigend, aber nicht ungewöhnlich – und auch kein Grund zu größerer Besorgnis. In den meisten Fällen haben Sie es mit einem von vier häufig vorkommenden Problemen zu tun:

Problem 1: Die Ablaufwanne ist undicht

Diese Wanne soll Kondenswasser auffangen und verhindern, dass es auf den Fußboden ausläuft, aber wenn sie beschädigt ist, tut sie das nicht. Normalerweise ist sie unter dem Gerät angebracht, und man erreicht sie, indem man das Belüftungsgitter unten am Kühlschrank entfernt (lesen Sie aber im Zweifelsfall wie immer in der Bedienungsanleitung nach). Ziehen Sie die Ablaufwanne vorsichtig heraus. Leeren Sie das Wasser aus. Suchen Sie nach undichten Stellen und versiegeln Sie sie mit einem wasserfesten Abdichtungsprodukt oder tauschen Sie, wenn nötig, die ganze Wanne aus (nehmen Sie dazu Kontakt mit Ihrem Kühlschrankhersteller auf).

Problem 2: Die Tauwasserrinne ist verstopft

Die Tauwasserrinne nimmt wie die Ablaufwanne Kondenswasser auf und ist normalerweise unterhalb der Gemüsefächer oder am Boden des Gefrierfachs zu finden – es gibt allerdings unterschiedliche Modelle, lesen Sie daher in der Bedienungsanleitung Ihres Geräts nach. Prüfen Sie, ob die Rinne verstopft ist oder Risse hat. Ist sie verstopft, spülen Sie sie mit warmer Seifenlauge aus, bis sich der Schmutz aufgelöst hat und der Abfluss wieder frei ist. Hat sie Risse, müssen Sie eine neue kaufen.

Problem 3: Die Eismaschine ist undicht

Falls Sie stolzer Besitzer eines Kühlschranks mit Eismaschine sind, rücken Sie ihn von der Wand ab und überprüfen Sie die Wasserzuleitung, die vom Wasseranschluss in der Wand über das Wasserventil des Kühlschranks ins Gerät läuft. Am anderen Ende des Ventils sollte sich ein Plastikschlauch befinden, der hinten in die Eismaschine einmündet. Kontrollieren Sie die Zuleitung und den Schlauch auf Schäden, die eventuell für die undichte Stelle verantwortlich sind, und ersetzen Sie ihn gegebenenfalls. Drehen Sie dazu als Erstes den Wasserzulauf ab, damit aus dem Tröpfeln kein Sturzbach wird. Wenn Zuleitung und Plastikschlauch in Ordnung sind, überprüfen Sie das Ventil auf undichte Stellen und ziehen es bei Bedarf – mit der Hand oder mit einem schönen großen Schraubschlüssel – fest.

Problem 4: Die Türdichtung ist defekt

Wenn Sie alle oben aufgeführten Punkte überprüft und das Leck immer noch nicht gefunden haben, dann bleibt Ihnen nur noch, die Dichtung zu überprüfen, die rings um die Tür angebracht ist. Das ist ein bisschen komplizierter, aber nicht zu kompliziert. Bevor Sie die folgenden Schritte ausführen, vergewissern Sie sich, dass die Dichtung sauber ist – hier sammelt sich im Lauf der Zeit gern Schmutz an, der hin und wieder mit Seifenlauge entfernt werden muss, damit die Tür dicht abschließt.

Schritt 1: Falls die Dichtung selbst kaputt zu sein scheint, überprüfen Sie, ob der Kühlschrank sich nach vorn neigt, weil der Fußboden uneben ist. Denn dann kann es sein, dass die Tür sich nicht so dicht schließen lässt, wie Sie es gern hätten. Schrauben Sie deshalb zum Ausgleich die Vorderfüße weiter heraus, bis das Gerät wieder gerade steht – an die Füße kommen Sie fast immer über die Abdeckung unten an der Gerätvorderseite heran. Dort finden Sie ein Scharnier, das mit einer oder mehreren Schrauben befestigt ist.

Schritt 2: Entfernen Sie die Schrauben, stellen Sie das Scharnier neu ein, und befestigen Sie die Schrauben anschließend wieder. Dazu brauchen Sie jemanden, der den Kühlschrank leicht nach hinten kippt, während Sie arbeiten, und jede Menge WD-40 Multifunktionsöl, wenn die Schrauben sehr fest sitzen.

Schritt 3: Kontrollieren Sie, ob die Dichtung Risse hat und aus diesem Grund lose ist. Das passiert oft im Lauf der Zeit, und so gelangt Luft in den Kühlschrank oder nach draußen. Halten Sie dazu einen beliebigen Geldschein in den Kühlschrank und schließen Sie die Tür so, dass eine Hälfte drinnen ist und die andere Hälfte herausschaut. Ziehen Sie den Geldschein dann aus der Tür – eine intakte Dichtung wird ihn festhalten, sodass Sie einen Widerstand spüren. Eine verschlissene Dichtung wird nur wenig Widerstand bieten oder den Geldschein, wenn sie wirklich völlig hinüber ist, gleich zu Boden fallen lassen. Wiederholen Sie den Test auf der gesamten Länge der Dichtung, um herauszufinden, ob sie ersetzt werden muss. Falls ja, müssen Sie einen qualifizierten Experten kommen lassen.

So bringen Sie ein schadhaftes Tiefkühlgerät in Ordnung

Das größte und häufigste Problem bei einem Gefrierschrank ist, dass die Temperatur verrückt spielt. Per Definition sollte ein Gefrierschrank einfrieren, sonst sind Ihre großen Fleischstücke verfault, ehe Sie sie sonntags als Braten auftischen können. Wenn Ihr Gerät das Gefriergut also nicht mehr richtig einfriert, überprüfen Sie Folgendes:

Test 1: Die Stromversorgung
Die simpelste Frage überhaupt ist: Bekommt der Gefrierschrank Strom? Sollten Sie Zweifel haben, stecken Sie das Kabel eines funktionierenden Elektrogeräts in

die Steckdose, und prüfen Sie, ob es arbeitet. Ist die Steckdose defekt, überprüfen Sie den Sicherungsschalter und legen Sie ihn wieder um, falls er herausgeflogen ist. Machen Sie dann mit Test 2 weiter.

Test 2: Der Thermostat
Suchen Sie den Thermostat, und stellen Sie ihn auf kälter (wenn Sie genau das gegenteilige Problem haben – drinnen ist es zu stark gefroren –, drehen Sie die Temperatur hoch statt runter). Falls das nichts hilft, sind wahrscheinlich die Steuerungen defekt und müssen von einem qualifizierten Fachmann ausgetauscht werden. Falls es aber nicht der Thermostat ist, dann vielleicht ...

Test 3: Die Abtauautomatik
In ordnungsgemäßem Zustand reguliert sie den Abtauzyklus des Geräts und hält ihn in Gang. Im kaputten Zustand tut sie das nicht, und dann bricht in Ihrem Gefrierschrank die Eiszeit an oder das Gefriergut taut auf. Die Zeitschaltuhr ist häufig hinter einem Belüftungsgitter an der Vorderseite angebracht, aber schauen Sie sicherheitshalber in der Bedienungsanleitung nach und ziehen Sie den Stecker raus, bevor Sie sich daran zu schaffen machen, um keinen Stromschlag zu riskieren. Um das einwandfreie Funktionieren der Zeitschaltuhr zu überprüfen, suchen Sie nach der »Vorrückschraube« auf der Unterseite und drehen diese im Uhrzeigersinn, bis es klick macht. Damit stel-

len Sie die Uhr auf einen anderen Modus ein, das heißt von »Kühlen« auf »Abtauen« oder umgekehrt. Wandert sie innerhalb von etwa 35 Minuten nicht in den nächsten Modus weiter, ist sie defekt und muss ersetzt werden. Leider von einem Experten. Falls es aber nicht die Abtauautomatik ist, dann möglicherweise...

Test 4: Die Kondensationsspulen

Staub und Schmutz auf den Kondensationsspulen können die Temperatur völlig durcheinanderbringen. Schalten Sie den Gefrierschrank aus, machen Sie die besagten Spulen ausfindig – meistens sind es die dünnen, umwickelten Drähte vorn oder hinten am Gerät und hinter einer abnehmbaren Abdeckplatte verborgen –, und entfernen Sie mit einem Tuch oder Staubsauger vorsichtig alles, was sich abgelagert hat.

Test 5: Die Tür

Prüfen Sie, ob sich die Tür dicht schließen lässt, so wie es sein sollte. Andernfalls strömt Luft ein und aus, und das ist das Problem. Lesen Sie dazu den Abschnitt über Türdichtungen auf Seite 120 f. Hier gelten dieselben Regeln.

Test 6: Reparatur vor Ort

Wenn sich Ihr Problem mit keinem der oben aufgeführten Ratschläge lösen lässt, dann ist der Gefrierschrank kaputt und Sie müssen einen qualifizierten Fachmann kommen lassen.

TEIL 4

KÜCHE

Angeschlagene Teller, kaputtes Glas, Messer, die einst so gefährlich scharf waren, dass man mit einem Schnitt einen Hühnerkopf sauber hätte abtrennen können, inzwischen dank Ihrer Handhabung aber nur noch Wasser schneiden – dies sind die üblichen Küchenproblemchen, die Sie bei Ihren Jamie-Oliver-Bemühungen ausbremsen können. Aber mit den folgenden Rettungsmaßnahmen können Sie diese nervigen Alltagsstörfälle aus der Welt schaffen.

So kleben Sie einen zerbrochenen Teller

Falls Sie ständig fettige Finger haben oder eine sehr temperamentvolle Beziehung pflegen – oder beides –, gibt es sicher häufig Geschirrschäden in Ihrem Haushalt zu beklagen: von kleinen Splittern und unansehnlichen Sprüngen bis hin zu richtigen Bruchschäden, die normalerweise das Ende Ihres Geschirrs bedeuten würden. Aber das muss nicht so sein, da sich die meisten Bruchstellen mit etwas kreativem Denken (und einer Tube Epoxidharz) ganz leicht reparieren lassen. Wie Sie den Teller flicken, kommt auf den Schaden an. Gehen wir also in der Reihenfolge des Schadensausmaßes vor.

Der Teller ist angeschlagen

Eine angeschlagene Stelle übersieht man leicht, doch wenn man nichts dagegen tut, wird daraus schnell ein Sprung und irgendwann bricht der Teller entzwei. Bessern Sie angeschlagene Stellen und Kerben daher aus, bevor sie schlimmer werden. Kaufen Sie eine Tube farbloses Epoxidharz, das ist ein Zweikomponentenklebstoff, der aus Binder und Härter besteht. Dann können Sie loslegen.

Schritt 1: Geben Sie zu gleichen Teilen Harz und Härter auf ein Stück Karton und verrühren Sie beides mit einem Zahnstocher, einem Streichholz oder Ähnlichem zu einer glatten Paste.

Anmerkung: Benutzen Sie keine Schnellkleber, sonst müssen Sie sich beim Reparieren zu sehr beeilen, und dabei kommt nur Pfusch heraus.

Schritt 2: Selbst farbloses Epoxidharz wird beim Trocknen gelbstichig. Das ist nicht so gut, es sei denn, der betreffende Teller ist gelb. Tunken Sie daher das in den Kleber getauchte Streichholz in eine Dose Farbpulver, das dem Farbton Ihres Porzellans am nächsten kommt, und tupfen Sie das klebrige Pulver dann auf die angeschlagene Stelle. Füllen Sie sie komplett auf und verstreichen Sie den Kleber gleichmäßig.

Schritt 3: Lassen Sie das Harz trocknen, kratzen Sie unansehnliche Überreste ganz vorsichtig mit einer Rasierklinge ab und staunen Sie, wie einfach das ging! Gut gemacht!

Der Teller hat einen Sprung

Sobald in einem Teller ein Sprung sichtbar wird, ist es nur eine Frage der Zeit, bis er zerbricht und Sie sich ratlos fragen, wie Sie ihn reparieren sollen. Die Antwort steht auf Seite 129, aber ich rate Ihnen dringend, den Sprung zu reparieren, bevor der Teller zerbricht. Zum Glück ist das wirklich kinderleicht...

Schritt 1: Stellen Sie den Teller bei ganz niedriger Temperatur in den Backofen, und zwar so lange, bis er durchgewärmt, aber nicht überhitzt ist. Er sollte sich beim Aufwärmen ganz leicht ausdehnen, sodass der Riss sich öffnet. Während der Teller im Backofen steht, bereiten Sie das Epoxidharz wie oben beschrieben vor.

Schritt 2: Sobald sich der Riss geöffnet hat, streifen Sie Backhandschuhe über und nehmen den Teller heraus; füllen Sie den Riss der Länge nach mit Kleber und entfernen Sie Überschüssiges mit einem in Nagellackentferner getauchten Wattestäbchen.

Schritt 3: Kleben Sie über den ganzen Riss der Länge nach ein Klebeband, das gleichmäßigen Druck auf den Riss ausübt und ein Verschieben der Teile verhindert. Beim Abkühlen schrumpft der Teller auf seine ursprüngliche Größe und zieht dabei den Kleber in den Riss, dessen Kanten sich dann fest verbinden.

Anmerkung: Genauso können Sie bei angeschlagenen Tassen und Bechern vorgehen: Backen, kleben, fertig!

Schritt 4: Ist der Teller vollständig abgekühlt und das Harz getrocknet, entfernen Sie das Klebeband und kratzen mit einer Rasierklinge aus dem Riss herausquellende Harzreste ab. Seien Sie vorsichtig, wenn die Rasierklinge scharf ist!

Der Teller ist entzweigebrochen

Dieser Reparaturtipp funktioniert nur bei einer glatten Bruchstelle, und auch nur, wenn Sie lediglich zwei Teile und nicht Millionen winziger Scherben zusammenkleben müssen (dazu siehe Seite 130).

Schritt 1: Die Bruchstelle sollte glatt und trocken sein, bevor Sie das Epoxidharz anrühren (farblich sollte es zur Farbe des Tellers passen. Näheres dazu auf Seite 127).

Schritt 2a: Bestreichen Sie beide Bruchkanten mit dem Harz, und drücken Sie sie mit der Hand so lange fest zusammen, bis sie sich verbunden haben. Kleben Sie über die Verbindungsstelle ein Klebeband, damit der Teller zusammenhält. Stellen Sie ihn beiseite, und lassen Sie ihn 24 Stunden trocknen.

Oder...

Schritt 2b: Alternativ können Sie auch einen Topf mit Sand füllen und die eine Hälfte des zerbrochenen Tellers so hineinstecken, dass die Bruchstelle deutlich herausschaut. Kleben Sie beide Teile zusammen und drücken Sie sie wie vorhin fest aneinander, befestigen Sie diesmal aber an beiden Enden der Verbindungsstelle Wäscheklammern. Sie verhindern, dass sich die beiden Teile beim Trocknen verschieben. Wenn Sie es besonders gründlich machen wollen, können Sie

den Teller natürlich auch mit Klebeband *und* Wäscheklammern fixieren.

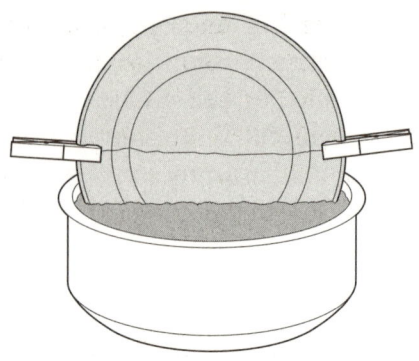

Schritt 3: Egal, für welche Methode Sie sich entscheiden, kratzen Sie trockene Kleberreste mit einer Rasierklinge ab, und passen Sie dabei auf Ihre Finger
auf! Waschen Sie den Teller, und geben Sie ihn wieder für den Gebrauch frei.

Der Teller ist in tausend Stücke zersprungen

Wenn ein Teller in tausend Stücke zersprungen ist,
dann wird die Sache erheblich komplizierter, aber
nicht unmöglich. Sobald Sie alle Teile eingesammelt
haben, nehmen Sie einen anderen, identischen Teller
und verwenden ihn als Modellform. Legen Sie den
heilen Teller auf eine stabile Unterlage, als ob Sie den
Tisch decken wollten, legen Sie die Bruchstücke da-
neben, und stellen Sie sich darauf ein, dass Sie das

Haus in den nächsten paar Stunden nicht verlassen werden. Fügen Sie den zerbrochenen Teller Stück für Stück wieder zusammen, indem Sie jede Kante mit Epoxidharz bestreichen und das Bruchstück fest an seinen Platz drücken. Lassen Sie den Kleber richtig trocknen, bevor Sie den Teller wieder benutzen. Und passen Sie beim nächsten Mal besser auf, damit Sie diese langwierige Prozedur nicht noch einmal durchexerzieren müssen!

So befestigen Sie einen abgebrochenen Tassenhenkel

Falls Ihre Lieblingstasse oder Ihr Lieblingsbecher beim Fallenlassen nicht gerade in Millionen winzige Stückchen zerborsten sind, ist noch nicht alles verloren. Wenn der »Rumpf« der Tasse (im Weiteren als »die Tasse« bezeichnet) heil geblieben ist und Sie auch den Griff noch haben (im Weiteren als »der Henkel« bezeichnet), brauchen Sie beides nur zusammenzukleben. Das ist vermutlich die einfachste Reparatur im ganzen Buch...

Schritt 1: Waschen Sie die Teile in heißem Wasser und trocknen Sie sie gut ab. Insgesamt sollten Sie zwei Teile haben – den Henkel und die Tasse –, und die Tasse sollte zwei unglasierte, kreisförmige Stellen dort aufweisen, wo der Henkel bisher angebracht war und wo Sie ihn jetzt wieder anbringen müssen.

Schritt 2: Bestreichen Sie die Bruchstellen großzügig mit wasserfestem Keramikkleber, aber ohne dass etwas auf die Tasse und Ihre Hände tropft, wenn Sie die Teile zusammendrücken.

Schritt 3: Halten Sie die richtig zusammengefügten Teile fest zusammen, bis der Kleber trocken ist, oder – falls Sie keine Lust haben, ewig in dieser Position zu verharren – wenigstens so lange, bis der Kleber abgebunden hat. Wickeln Sie anschließend Klebeband fest um Tasse und Henkel, um den Henkel in seiner Position zu fixieren, und widmen Sie sich dann einer interessanteren Tätigkeit.

Schritt 4: Wenn der Kleber völlig trocken ist, versiegeln Sie die Bruchkanten zur Sicherheit mit einem kleinen Tropfen wasserfestem Kleber, damit künftig kein Schmutz hineingelangt, glätten Sie die Oberfläche mit einem Stäbchen, und lassen Sie das Ganze trocknen. Begießen Sie die getane Arbeit mit einer Tasse Tee oder Kaffee.

So kleben Sie einen abgebrochenen Glasstiel

Gemeint ist hier ein Weinglas oder eine Champagnerflöte – Sie wissen schon, die Gläser mit den dünnen Stielen, die bereits kaputtgehen, wenn man sie nur etwas schief anschaut. Sie lassen sich folgendermaßen reparieren:

Schritt 1: Besorgen Sie sich einen wasserfesten Glaskleber, und bestreichen Sie damit beide Bruchstellen. Drücken Sie sie dann sanft, aber fest aufeinander. Halten Sie sie ein paar Sekunden lang fest, bis sich die Teile verbunden haben.

Schritt 2: Stellen Sie das Glas auf eine flache, stabile Unterlage, und kleben Sie kreuzweise zwei Streifen Klebeband um Glas und Stiel. Das gibt den Teilen Halt und drückt sie leicht, aber gleichmäßig zusammen, sodass der Kleber fest werden kann.

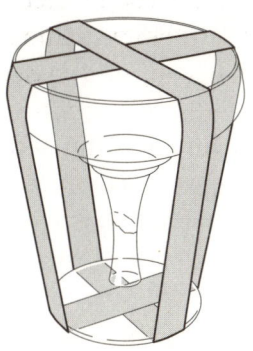

Schritt 3: Lassen Sie das Glas so lange stehen, bis der Kleber getrocknet ist (Genaueres steht auf der Verpackung), und kratzen Sie dann mit einer Rasierklinge Rückstände ab. Waschen Sie das Glas vor Gebrauch. Und falls Sie sich beim Glasbruch auch noch Wein über die Hose oder auf den Teppich geschüttet haben, finden Sie auf den Seiten 31 und 173 eine passende Wunderkur.

> *Anmerkung: Falls der Riss oder Sprung im Glas anders aussieht als oben beschrieben, entsorgen Sie es sofort und kaufen Sie sich ein neues. Es bringt nichts, Risiken einzugehen – das Glas geht Ihnen vielleicht später in der Hand kaputt oder es entstellt Ihren Mund für den Rest Ihres Lebens. Lassen Sie es nicht darauf ankommen.*

So schleifen Sie stumpfe Küchenmesser (wie ein Profi)

Falls Sie nicht Unsummen für Supermesser bezahlt haben, die irgendein abgedrehter Promikoch empfohlen hat, wurde bei der Herstellung Ihrer Küchenmesser darauf geachtet, dass sie unempfindlich gegen Rost und Verschleiß sind, aber nicht gefährlich scharf. Die Hersteller gehen davon aus, dass Ihnen das lieber ist, aber letztlich ist es so: Je häufiger Sie die Messer benutzen, desto stumpfer werden sie.

Zum Ausgleich werden die meisten Messer aus weichem Stahl hergestellt, sodass man sie leicht zu Hause schärfen kann, vorausgesetzt, man besitzt einen Wetzstahl, also dieses lange, spitze Stahlding, mit denen Küchenprofis ihre Klingen in Windeseile wieder scharf machen. Falls beim Messerkauf kein Wetzstahl mitgeliefert wurde, müssen Sie jetzt einen kaufen. Und da Sie kein Küchenprofi sind und sich im Handumdrehen den Arm absäbeln könnten, wenn Sie mit den Messern herumfuhrwerken, müssen Sie die Sache gemächlich angehen und sich erst einmal mit den Grundlagen vertraut machen.

Schritt 1: Halten Sie den Wetzstahl am Griff fest und setzen Sie die Spitze senkrecht auf eine Arbeitsunterlage. Legen Sie nach Möglichkeit ein Handtuch unter, um Beschädigungen an der Unterlage und an der Klinge zu vermeiden. So können Sie auch das Messer besser führen.

Schritt 2: Setzen Sie die Messerklinge möglichst dicht beim Griff so an den Wetzstahl, dass sie zu diesem einen Winkel von 18 bis 20 Grad bildet und nach oben – und von Ihnen weg! – zeigt (siehe Abbildung). Halten Sie die Oberkante der Klinge dabei ein paar Zentimeter näher an den Schaft des Wetzstahls als die Klinge selbst.

Schritt 3: Führen Sie die Messerkante mit einer einzigen schwungvollen Bewegung mit leichtem Druck über den Wetzstahl und wieder zurück. Das Ende der Klinge sollte sich zum Schluss ganz nah an der Stahlspitze unten am Schaft befinden.

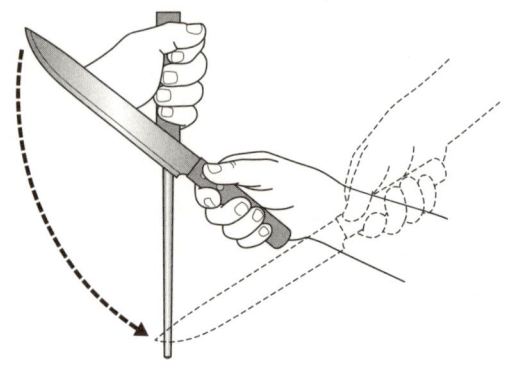

Schritt 4: Fünf bis sechs zügige Bewegungen sollten ausreichen. Schärfen Sie die andere Seite der Klinge genauso. Damit die Klinge scharf bleibt, sollten Sie Ihre Messer vor jeder Benutzung auf diese Weise schärfen.

So schärfen Sie einen Dosenöffner

Einfacher geht es wirklich nicht, und deshalb ist dieser Eintrag auch so kurz. Vergewissern Sie sich, dass der Dosenöffner sauber und frei von Verkrustungen ist. Falten Sie ein Stück Alufolie, und fahren Sie damit an der ganzen Schneide entlang. Je mehr Sie reiben, desto schärfer werden die Schneidflächen.

So schleifen Sie eine Schere

In jeder Küche sollte es mindestens eine Schere mit wirklich Furcht einflößenden Klingen geben, mit denen man Speckschwarten und Fischköpfe abschneiden kann. Wie alle Klingen werden sie mit der Zeit stumpf, aber das lässt sich ändern. Sie haben die Wahl zwischen zwei guten Methoden: Die erste ist etwas knifflig, die andere kinderleicht.

Warnung!
Halten Sie Klingen jeder Art immer so, dass sie nicht auf Ihren Körper zeigen – und auch nicht auf den anderer Personen.

Methode 1: Bei dieser etwas kniffligeren Variante schleifen Sie die angeschrägte Seite der Klinge an einem Schleifstein. Das ist ein schwarzer Steinklotz, der oft wie ein kleiner Ziegelstein aussieht (in einigen Heimwerkermärkten oder im Internet erhältlich) und unterschiedliche Körnungen hat – je feiner die Körnung, desto schärfer wird die Klinge. Der Stein muss vor der Benutzung mit einem leichten Maschinenöl benetzt werden, und dann können Sie die Scherenklinge langsam und gleichmäßig von der Spitze zur Achse (da, wo die beiden Klingen zusammentreffen) über den Stein führen. Folgen Sie dem Winkel der Klinge möglichst genau. Fünf bis sechs kräftige Bewegungen sollten genügen, um ihr ihre einstige Pracht zurückzugeben. Machen Sie es bei der anderen Klinge genauso, und benetzen Sie den Stein vorher wieder mit Öl. Wenn Sie damit fertig sind, öffnen und schließen Sie die Schere ein paarmal, damit die Metallspäne herunterfallen, die beim Schleifen entstanden sind, und fertig!

Möglichkeit 2: Diese Variante ist nicht so knifflig. Kaufen Sie ein Blatt grobes Schleifpapier, und schneiden Sie es mit Ihrer Schere durch. Je öfter Sie schneiden, desto mehr frischt die Körnung die Klingen auf. Bei kleinen Scheren, die nicht so viel Schärfe brauchen, genügt es, wenn Sie ein Stück Alufolie mehrmals durchschneiden.

So lassen Sie Messer und Gabeln in neuem Glanz erstrahlen

Silberbesteck glänzt leider nicht ewig, und wenn Kratzer, Schrammen und unansehnliche Flecken nicht schneller sind, erledigen hässliche Roststellen den Rest. Aber kein Grund zur Sorge, denn stumpfes Besteck lässt sich spielend einfach wieder zum Glänzen bringen, und die folgenden fünf Tipps dürften in den meisten Fällen helfen.

Tipp 1: Bringen Sie Besteck mit einer Mischung aus Backpulver und Wasser wieder zum Glänzen (ein Esslöffel Backpulver auf 850 Milliliter Wasser). Gießen Sie die Flüssigkeit in einen Topf, legen Sie das Besteck hinein, lassen Sie das Wundergebräu aufkochen und etwa fünf Minuten köcheln. Nehmen Sie das Besteck heraus, spülen Sie es unter klarem Wasser ab, und lassen Sie es abkühlen. Danach können Sie jedes Einzelteil auf Hochglanz polieren.

Tipp 2: Falls Sie unansehnliche Flecken auf Ihrem Besteck entdecken, legen Sie das betreffende Besteckstück in unverdünnten Weißweinessig. Anschließend gut abspülen – die Flecken sollten weitgehend verblasst sein.

Tipp 3: Hartnäckige Flecken auf Silberbesteck lassen sich beseitigen, indem man sie gründlich mit einer

Zahnbürste und etwas weißer Zahnpasta schrubbt. Bei dieser Methode müssen Sie sich mächtig anstrengen und das Besteck hinterher natürlich sauber abspülen, bevor Sie es wieder benutzen – sonst schmeckt Ihr saftiges Steak nach Zahnpasta.

Tipp 4: Falls Sie für Ihr Leben gern Eier essen und Ihre Silberlöffel mit Eierflecken übersät sind, kann sich Ihr Silber dadurch schwarz verfärben. Dies kommt häufig vor, lässt sich aber leicht beheben: Reiben Sie schwarze Stellen mit Salz ein, bevor Sie das Besteck wie gewohnt spülen. Um schwarze Stellen künftig zu vermeiden, spülen Sie das Besteck nach dem Gebrauch möglichst schnell ab.

Tipp 5: Falls Sie Rost auf Ihrem Silberbesteck entdecken, stecken Sie die betroffenen Besteckteile einfach in eine Zwiebel und lassen sie eine Weile liegen. Schieben Sie sie gelegentlich vor und zurück, damit der verjüngende Zwiebelsaft seine Zauberkraft entfalten kann. Spülen Sie das Besteck zum Schluss mit Spülmittel und Wasser ab. Statt mit einer Zwiebel können Sie auch mit einem Brei aus Backpulver und Wasser denselben Effekt erzielen – einfach auf dem Besteck verteilen, einwirken lassen und abspülen.

So bringen Sie ein ramponiertes Schneidebrett auf Vordermann

Wenn Sie jahrein, jahraus mit scharfen Messern auf Ihr hölzernes Schneidebrett einhacken und -schlagen, bekommt es irgendwann hässliche Kratzer, Rillen und Kerben. Aber keine Sorge, denn mit einer Ziehklinge für Holzarbeiten wird das Brett wieder so gut wie neu.

Schritt 1: Sie müssen grundsätzlich sehr gleichmäßig über das Brett schaben, um eine sehr dünne Schicht Holz und zugleich alle Kratzer und etwaigen Flecken abzutragen (lesen Sie in der Bedienungsanleitung der Ziehklinge nach, wie es gemacht wird). Arbeiten Sie in Richtung der Holzmaserung, um das Brett nicht zu beschädigen, und drücken Sie den Schaber in der Mitte etwas durch für ein saubereres Ergebnis.

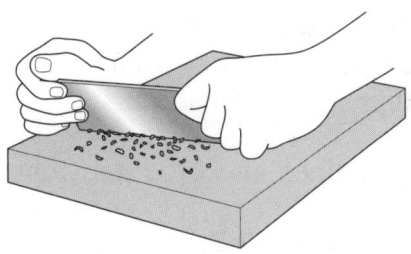

Schritt 2: Wiederholen Sie diesen Vorgang so oft wie nötig, bis das Brett eine neue, ebene Oberfläche hat, mit der Sie zufrieden sind.

141

Schritt 3: Reiben Sie das Brett zum Schluss mit einem ordentlichen Schuss Pflanzenöl ein, um es zu versiegeln und für zukünftige Herausforderungen zu wappnen. Wird ein Holzschneidebrett ungefähr alle sechs Monate mit Öl behandelt, hält es ewig und vielleicht sogar noch länger.

Alternative

Statt von einem fleckigen Holzschneidebrett die obere Schicht abzuschaben, können Sie es auch mit Salz bestreuen und mit einer saftigen Zitronenscheibe einreiben. Noch ehe Sie rufen können: »Mein Gott, ein Wunder ist geschehen!«, sollten die Flecken schon verschwunden sein. (Durch das Einreiben des Bretts mit Zitronen- oder Limettensaft bekommen Sie auch stechenden Zwiebel- oder Knoblauchgeruch weg.)

So retten Sie einen angebrannten Topf

Nur eine Sekunde lang haben Sie Ihr Mittagessen auf dem Herd aus den Augen gelassen, und schon hat Ihr teurer Topf einen hässlichen großen Brandfleck, der sich nicht mehr entfernen lässt. Zugegeben, ein angebrannter Topf tut noch seinen Dienst, aber es kann sein, dass Ihr Essen dann eigenartig schmeckt, und das ist nicht gut. Zum Glück können Sie dagegen etwas tun.

Schritt 1: Füllen Sie den Topf mit Wasser, und geben Sie ein paar Löffel Backpulver hinein.

Schritt 2: Lassen Sie die Pulvermischung aufkochen – sie sollte die angebrannten Stellen wie durch Zauberhand lösen.

Schritt 3: Spülen Sie den Topf wie gewohnt ab, und er ist wieder wie neu. Sie können auch trockenes Seifenpulver in den Topf streuen, solange er noch heiß ist, dann ein kühles, feuchtes Küchentuch auf die betroffene Stelle legen und alles eine Stunde einwirken lassen. Inzwischen haben sich die angebrannten Stellen traumhaft leicht gelöst (falls das zu den Dingen gehört, von denen Sie träumen).

So entrosten Sie eine gusseiserne Pfanne

Jedes Kind weiß: Wenn Eisen mit Wasser und Sauerstoff in Kontakt kommt, rostet es – und es rostet doppelt so schnell, wenn das Wasser salzhaltig ist. Aber nicht jedes Kind weiß, wie man den Rost entfernt, obwohl es dafür eine kinderleichte Lösung gibt.

Schritt 1: Geben Sie einen ordentlichen Schuss Pflanzenöl in die Pfanne, und fügen Sie dieselbe Menge Salz hinzu (Tafelsalz oder grobes Meersalz, je nachdem, wie viel Kraft Sie zum Scheuern haben). Reiben Sie das salzige Öl mit einem Scheuerschwamm kräftig in den Rost ein, spülen Sie die Pfanne dann mit Seifenwasser, danach mit heißem Wasser aus und trocknen Sie sie mit einem Küchentuch ab.

Schritt 2: Um eine neuerliche Rostbildung zu verhindern (und der Pfanne eine eigene Antihaftbeschichtung zu geben), sollten Sie die Pfanne innen mit Pflanzenöl einreiben, umdrehen und auf saugkräftigem Papier etwa eine Stunde lang bei 180 Grad Celsius in den Backofen stellen. Streichen Sie sie nach einer halben Stunde noch einmal mit Öl aus – aber tragen Sie dabei Backhandschuhe, damit Sie sich die Finger nicht verbrennen! Danach lassen Sie die Pfanne auskühlen und wischen sie vor dem nächsten Gebrauch mit Küchenpapier aus.

Schritt 3: Diesen Vorgang müssen Sie einige Male wiederholen, damit die Pfanne innen sozusagen verkohlt und eine Antihaftwirkung entwickelt. Das kann zwar einige Monate dauern, aber der Aufwand lohnt sich. Reinigen Sie die Pfanne nach jedem Gebrauch nur mit Wasser und einer Bürste. Verwenden Sie dazu niemals Spülmittel, denn Sie wollen ja nur die Oberfläche von Rückständen säubern, nicht aber die Ölschicht entfernen, die Sie aufgebracht haben. Gegen hartnäckige Flecken gehen Sie mit der Salz-Öl-Methode aus Schritt 1 vor.

Alternativ... Kartoffeln

Wer auch immer die folgende Wundermethode zum Reinigen rostiger Töpfe erfunden hat, Sie möchten sicher nicht mit ihm im Fahrstuhl stecken bleiben. Aber die Methode funktioniert! Schneiden Sie eine Kartoffel in der Mitte durch, und bestreuen Sie eine Hälfte großzügig mit Waschpulver. Scheuern Sie damit wie mit einem Spülschwamm den Topf innen so lange, bis die Kartoffelstärke sich wie durch Zauberhand mit dem Waschpulver verbindet und den Rost blitzschnell entfernt. Verzehren Sie die Kartoffel danach nicht mehr, Sie könnten daran sterben.

So machen Sie verrostete Backformen wieder gebrauchsfähig

Gießen Sie Cola in die Backform, bis die Roststelle bedeckt ist, und lassen Sie sie über Nacht einwirken. Dieses zuckersüße Getränk greift nicht nur Ihren Zahnschmelz an, mit seinen geheimnisvollen Eigenschaften zersetzt es auch den Rost, und Sie müssen die Backform anschließend nur noch sauber wischen.

TEIL 5

MÖBEL, EINRICHTUNG UND EINBAUTEN

In diesem Kapitel finden Sie Tipps für einfache Reparaturen in Ihren vier Wänden, beispielsweise wie Sie eine knarzende Fußbodendiele zum Schweigen bringen, einen klapprigen, wackeligen Stuhl reparieren und alle möglichen hässlichen Flecken aus Ihrem kostbaren Zottelteppich entfernen. Ich möchte gar nicht wissen, wie sie hineingekommen sind, sondern Ihnen nur Lösungen vorschlagen, wie Sie sie wieder rauskriegen.

So bringen Sie ein quietschendes Bett in Ordnung

An dieser Stelle könnte man einen schmutzigen Witz machen, aber so tief wollen wir hier nicht sinken. Ihr Bettgestell quietscht, weil Teile davon aneinander reiben. Die einfachste Lösung ist es, den Scharnieren mit Babypuder oder etwas Bienenwachs die Schmierung zu geben, die sie benötigen. Dies ist allerdings nur ein Provisorium, denn Sie müssen immer wieder nachschmieren, sobald das Gestell wieder anfängt zu quietschen.

Matratzenpflege

Damit Ihre Matratze gleichmäßig beansprucht wird und durch Ihr Körpergewicht keine große Delle entsteht, drehen Sie einmal im Monat das Kopfteil ans Fußende und wenden die Matratze, wenn Sie stark genug sind. Dann wird sie gleichmäßiger beansprucht und hält länger. Falls die Matratze muffig riecht, streuen Sie Backpulver darauf, lassen es 24 Stunden einwirken und saugen es dann ab. Backpulver absorbiert jegliche Gerüche und nachher riecht das Bett um einiges besser als vorher.

Sie haben länger Ruhe, wenn Sie alle Schrauben und Verbindungsteile, die das Bett zusammenhalten, überprüfen und festziehen. Am allerbesten nehmen Sie das Bett auseinander und vergewissern sich, ob an allen Haltebolzen Unterlegscheiben vorhanden sind – dadurch bleibt der Rahmen viel länger stabil und Sie werden nachts nicht mehr von dem nervigen Gequietsche gestört.

So reparieren Sie einen wackligen Stuhl oder Tisch

Ihr spezielles Problem lässt sich hier nicht mit hundertprozentiger Sicherheit diagnostizieren, aber wenn Tische oder Stühle wackeln, sind entweder die Beine nicht mehr gleich lang oder die Verbindungsbolzen haben sich im Lauf der Zeit gelockert. Hier können die folgenden fünf Schritte Abhilfe schaffen:

Schritt 1: Um herauszufinden, welches Bein wackelt (bzw. welche Beine), drehen Sie den Stuhl oder Tisch um, sodass die Beine nach oben zeigen. Bewegen Sie jedes Bein vorsichtig hin und her, um zu sehen, ob es wackelt.

Schritt 2: Sehen Sie nach, ob das Bein mit Metallwinkeln fixiert ist, und ziehen Sie gegebenenfalls die Schrauben fest. Das genügt vielleicht schon. Wenn nicht, fahren Sie mit Schritt 3 fort.

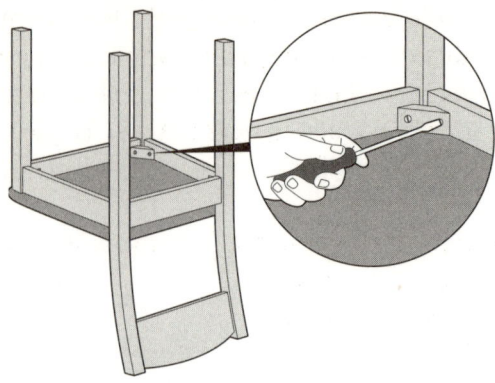

Schritt 3: Suchen Sie an jedem Bein nach Gleitern, den kleinen »Füßchen«, die verhindern, dass Tisch oder Stuhl den Boden zerkratzen. Fehlt einer dieser Gleiter, steht der Tisch oder Stuhl nicht mehr gerade. Bringen Sie einen neuen Gleiter an (im Internet oder Möbelgeschäft erhältlich), und fertig!

Schritt 4: Vergewissern Sie sich, dass alle Verbindungen stabil sind. Ziehen Sie alle Verbindungsschrauben fest und verleimen Sie sie mit Holzleim. Fixieren Sie die Verbindungsstellen während der Trocknungszeit entweder mit einer Schraubzwinge oder wickeln Sie einen Strick um das betreffende Bein und ein anderes Bein des betreffenden Möbelstücks.

Schritt 5: Wenn auch das nichts hilft, ist ein Bein möglicherweise durch häufigen Gebrauch und Verschleiß kürzer geworden als die anderen. Messen

Sie nach, wie viel fehlt, und schneiden Sie aus Naturkork, dickem Filz oder Pappkarton ein passendes Stück zurecht. Kleben Sie es unter das zu kurze Bein, und wenn der Kleber getrocknet ist, ist der Stuhl/ Tisch wieder einsatzfähig.

Für die ganz Mutigen unter Ihnen gibt es noch eine Alternative: Messen Sie nach, ob alle Beine gleich lang sind. Ist eines kürzer als die übrigen drei, markieren Sie diese Länge an den drei anderen Beinen und schleifen diese bis zur Markierung ab. Benutzen Sie anfangs grobkörniges Schleifpapier und anschließend eines mit feinerer Körnung.

So stellen Sie Treppenknarren ab

In den meisten Fällen knarrt eine Treppenstufe, weil ihre beiden Bestandteile sich im Lauf der Zeit gelockert haben und dann aneinander reiben, wenn Sie darauftreten. Diese beiden Teile heißen Trittstufe – der horizontale Teil, auf den Sie beim Treppauf- und -ab laufen den Fuß setzen – und Setzstufe, das vertikal angebrachte Stück Holz, auf dem die Trittstufe aufliegt. Die nachstehende Abbildung soll dies verdeutlichen.

Problem 1: Knarrt die Stufe vorne, schlagen Sie am besten im 45-Grad-Winkel einen Nagel durch die

Trittstufe in die Setzstufe ein. Dabei werden die beiden Teile wieder zusammengefügt. Zur Stabilisierung schlagen Sie dann, ebenfalls im 45-Grad-Winkel, ein paar Zentimeter entfernt einen zweiten Nagel ein.

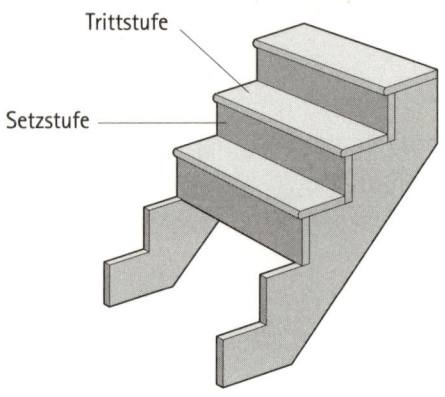

Trittstufe

Setzstufe

Problem 2: Knarrt die Stufe hinten, streuen Sie talkfreien Babypuder darauf und reiben ihn in die Stoßkante ein. Dies ist allerdings nur ein Provisorium, sobald die Stufe wieder knarrt, müssen Sie den Vorgang wiederholen.

So gehen Sie gegen knarrende Bodenbretter vor

Wenn Holzböden in die Jahre kommen, schrumpft das Holz und verzieht sich, sodass sich die Verbindung mit dem Unterboden, dem tragenden Boden unter den Bodenbrettern, lockert. Dann reiben die Dielen bei jedem Schritt aneinander und knarren. Gegen dieses Geräusch sind zwei Kräuter gewachsen.

Die schnelle Lösung: Machen Sie die beiden Bretter, die aneinander reiben, gleitfähig, indem Sie Kreidepulver auf die betroffene Stelle streuen. Dies sollte den gewünschten Zweck vorläufig erfüllen. Treten Sie ein paarmal auf das Brett, damit das Pulver in die Ritze fällt, und saugen Sie Überreste ab. Jetzt sollte nichts mehr zu hören sein.

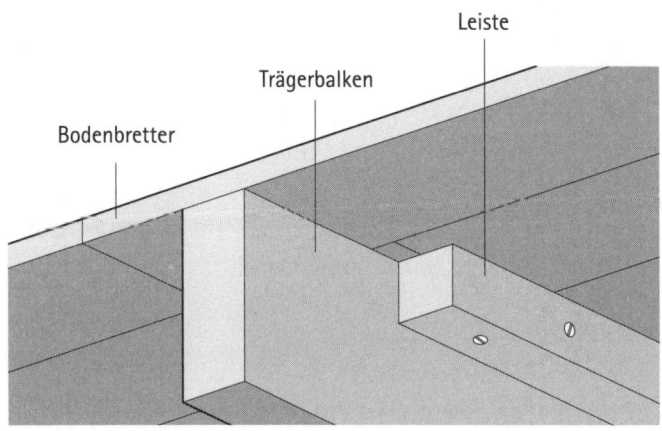

Die kompliziertere Lösung: Sehen Sie nach, ob das Bodenbrett auf einem Balken aufliegt, also einem Holzträger, der unter dem Fußbodenbelag verläuft. Fehlt dieser, wird das Brett irgendwann durchhängen. Entfernen Sie es möglichst vorsichtig und schrauben Sie an den Trägerbalken seitlich eine Holzleiste, die das Brett stützt. Legen Sie es wieder auf, und schrauben Sie es fest.

Die letzte Rettung: Sollten die oben aufgeführten Lösungswege nicht funktionieren, bleibt Ihnen nur noch, einen Nagel in den Boden zu schlagen, damit Boden und Unterboden zusammenbleiben und das Knarren aufhört. Am besten besorgen Sie sich mehrere Holzschrauben (achten Sie auf die notwendige Länge), die ins Holz hineingedreht werden und besser halten als einfache Nägel. Gehen Sie ein bisschen umher, um das störende Knarren zu orten. Drehen Sie die Schraube dann mit einem Schraubendreher schräg (dann hält sie besser) durch das Bodenbrett bis in den Unterboden hinein. Falls Sie durch Teppichboden schrauben, gehen Sie genauso vor, plustern den Teppichflor aber ein bisschen auf, damit der Schraubenkopf nachher nicht herausschaut.

So entlüften Sie einen Heizkörper

Ein Heizkörper muss entlüftet werden, wenn Luft in die Zentralheizungsanlage gelangt ist. Das passiert häufig, da sich beim Kühlen oder Aufheizen von Wasser Luftblasen bilden und dann in den höchsten Teil der Heizanlage aufsteigen. Diese können die Leistung Ihres Heizkörpers drastisch reduzieren, sodass Sie selbst bei voll aufgedrehtem Temperaturregler frieren. Testen Sie Ihre Heizkörper: Wenn sie aufgedreht oben deutlich kälter sind als unten oder wenn sie von oben bis unten kalt sind, müssen sie entlüftet werden. So viel zum theoretischen Teil, und nun schreiten wir zur Tat.

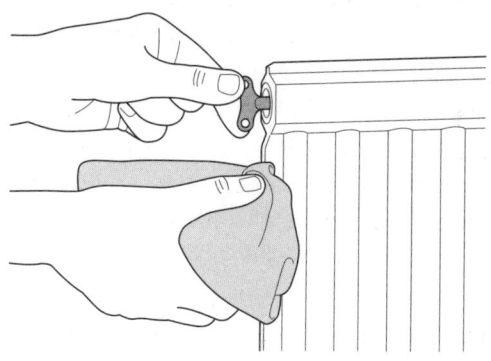

Schritt 1: Drehen Sie die Heizung ab, und stecken Sie einen kleinen Entlüftungsschlüssel in das Entlüftungsventil – das ist der kleine vierkantige Bolzen oben am Heizkörper (der sich manchmal aber auch auf der Rückseite befindet). Bevor Sie den Schlüssel drehen, halten Sie einen alten Putzlappen darunter, um Schmutzwasser aufzufangen, das Ihnen auf die Schuhe oder den Teppich spritzen könnte.

Schritt 2: Machen Sie mit dem Schlüssel eine halbe Drehung gegen den Uhrzeigersinn, bis Sie ein zischendes Geräusch hören – erschrecken Sie nicht, das ist nur die entweichende Luft.

Warnung!

Falls Entlüften nichts nützt, ist das Heizsystem möglicherweise korrodiert oder es haben sich Eisenoxidablagerungen gebildet. In diesem Fall müssen die Heizkörper abgenommen und gegebenenfalls die ölige Brühe mit Wasser herausgespült werden. Vielleicht müssen Sie den Heizkörper auch ersetzen, und Sie sind sicher schon selber darauf gekommen, dass Sie mit einer so aufwendigen Arbeit besser einen Experten im Blaumann beauftragen. Begrenzen Sie den Schaden, und besorgen Sie sich eher früher als später professionelle Hilfe.

Schritt 3: Wenn das Zischen aufhört, ist die Luft draußen, und in dem Moment wird schmutziges Wasser auf Ihren Teppich spritzen. Jetzt müssen Sie das Ventil wieder zudrehen – mit einer halben Drehung im Uhrzeigersinn. Damit wäre ein Heizkörper nun entlüftet. Überprüfen Sie alle anderen Heizkörper, und falls sie ebenfalls entlüftet werden müssen, gehen Sie vor, wie oben beschrieben. Übrigens: Experten raten, die Heizkörper zweimal im Jahr zu entlüften. Machen Sie sich also eine Notiz in Ihren Kalender.

So werden klemmende Holzschubladen wieder gängig

Wenn Holzschubladen klemmen oder sich nur mit Mühe herausziehen lassen, hat das zwei Gründe: Entweder haben sich Teile gelockert, die das Gleiten der Schublade behindern, oder das Holz hat sich durch Feuchtigkeit verzogen, sodass Sie nur mühsam an Ihre Unterwäsche herankommen. In beiden Fällen ist das Problem ganz einfach zu beheben.

Schritt 1: Ziehen Sie die Schublade vorsichtig heraus, und suchen Sie sie nach blockierenden Teilen ab. Oft schleift ein loser Nagel oder die Schubladenführung, sodass die Schublade stecken bleibt. Entfernen Sie alles, was sich mit der Hand entfernen lässt (oder schlagen Sie lockere Nägel wieder ein, falls es daran liegt), reiben Sie anschließend die Ober- und Unterkanten mit reichlich Bienenwachs oder einfacher Seife ein, und schieben Sie die Schublade wieder hinein. Jetzt sollte sie sich reibungslos öffnen und schließen lassen.

Schritt 2: Falls sich das Problem mit Schritt 1 nicht beheben lässt, ist möglicherweise Feuchtigkeit ins Holz eingedrungen. Dadurch quillt die Schublade auf und passt nicht mehr in den Rahmen. In diesem Fall nehmen Sie sie heraus (das könnte sich schwierig gestalten) und schleifen das Holz an den Seiten und hinten **hauchdünn** ab. Schleifen Sie nur mit der Hand und einem Sandpapier mit mittlerer Körnung (80 bis 100). Nehmen Sie nicht zu viel Holz ab, denn sonst bekommt die Schublade zu viel Spiel, und das ist genauso schlimm wie zu wenig Spiel. Schleifen Sie zuerst ein bisschen ab, und schieben Sie die Schublade dann probeweise hinein. Schleifen Sie gegebenenfalls noch etwas ab, und probieren Sie es noch einmal. Sobald die Schublade wieder hineinpasst, schmieren Sie die Kanten (wie in Schritt 1) mit Bienenwachs ein und setzen sie wieder ein. Damit das Holz in Zukunft nicht mehr aufquillt, können Sie die Schublade an den Seiten und unten mit etwas Polyurethan- oder Farblack versiegeln.

So werden andere klemmende Schubladen wieder gängig

Aus Kunststoff oder Metall gefertigte Schubladen klemmen nicht annähernd so häufig wie Holzschubladen, weil diese Materialien auch bei Wärme formbeständig sind. Falls so eine Schublade doch einmal stecken bleibt, entfernen Sie die Teile, die sie blockieren, oder – falls die Teile nicht entfernt werden können, weil sie fest mit der Schublade verbunden sind – fetten Sie diese ein. Dann wird Ihre Schublade wieder mühelos gleiten.

So stellen Sie das Quietschen einer Tür ab

Eine Tür quietscht meistens dann, wenn die Türangel reibt. Die Tür lässt sich trotzdem öffnen und schließen, das heißt, sie ist eigentlich nicht »kaputt«, aber wenn Sie nichts dagegen tun, kann das Geräusch Sie zur Weißglut treiben. Das ist völlig unnötig, wenn man bedenkt, wie einfach es sich abstellen lässt...

Schritt 1: Besprühen Sie beide Angeln mit einem leichten Schmiermittel, beispielsweise WD-40 Multifunktionsöl.

Anmerkung: Keiner der genannten Reparaturvorschläge stellt eine Dauerlösung dar; das heißt, Sie müssen den Vorgang wiederholen, sobald die Tür wieder quietscht.

Schritt 2: Wenn das Quietschen nicht sofort aufhört, suchen Sie nach den Scharnierbolzen, und klopfen Sie von unten leicht mit einem Nageltreiber drauf (das ist eine kurze Stahlpunze mit einem zugespitzten Ende, mit der man Schläge ausführen kann, z.B. auf Scharnierbolzen). Einige kontrollierte Schläge sollten genügen, damit der Bolzen wieder zum Vorschein kommt und über die Angel hinausragt. Besprühen Sie den stählernen Schaft mit Öl, schieben Sie ihn mit dem Nageltreiber wieder zurück und wischen Sie etwaige Ölreste von der Angel/Tür ab. Machen Sie es bei der anderen Türangel genauso.

So befestigen Sie lockere Türangeln

Jede Tür, die schwer auf ihren Angeln lastet, kann irgendwann einmal in Schieflage geraten, weil die Schrauben, an denen die Angel selbst befestigt ist, sich durch das Gewicht lockern. In diesem Fall hängt die Tür durch und passt nicht mehr richtig in den Rahmen.

Zum Glück ist die Lösung kinderleicht: Sie müssen nur die durchhängende Seite der Tür mit Zeitungen auf die richtige Höhe anheben und dann die Angelschrauben so weit festziehen, bis Angel und Tür wieder auf einer Ebene sind. Darauf wären Sie natürlich auch allein gekommen, aber was ist, wenn das Festziehen der Schrauben nichts nutzt? Dann müssen Sie die Schraublöcher überprüfen. Oft lassen sich die Schrauben zwar drehen, aber sie greifen nicht und drehen durch – das heißt, die Schraublöcher haben sich wahrscheinlich im Lauf der Zeit abgenutzt und bieten der Schraube keinen Halt mehr. Dies ist schwieriger zu beheben, als lediglich Schrauben festzuziehen, aber machbar...

Schritt 1: Machen Sie das defekte Schraubenloch (oder die Löcher) ausfindig, und drehen Sie dann alle

Schrauben aus den Türscharnieren heraus, damit Sie die Tür zur Seite stellen können. Verwahren Sie die Schrauben, und lehnen Sie die Tür irgendwo stabil an.

Schritt 2: Schieben Sie tief in das beschädigte Loch in Holzleim getauchte Zahnstocher oder Streichhölzer. Wenn der Leim getrocknet ist, sägen Sie herausstehende Enden mit einer Säge ab. Schleifen Sie anschließend die Lochränder sauber.

Andere Probleme

Bei feuchter Witterung können Holztüren (besonders Innentüren) sich verziehen. Sie passen dann nicht mehr richtig in den Rahmen und lassen sich nicht mehr schließen. In einfachen Fällen genügt es oft schon, mit einem nassen Stück Seife über die betroffene Kante zu reiben. Sie können die Tür aber auch rundherum mit einem Schleifblock millimeterweise abschleifen. Umfangreichere Schleifarbeiten überlassen Sie am besten einem Fachmann, der etwas von der Sache versteht.

Schritt 3: Befestigen Sie die Türscharniere wieder, und zwar zuerst an den intakten Schraublöchern. Bohren Sie dann vorsichtig ein Vorloch (d. h. ein kleineres, vorbereitendes Loch) in das Zahnstocher-/Streichholzloch, und drehen Sie vorsichtig die letzte Schraube ein. Die Zahnstocher/Streichhölzer werden der Türangel eine Zeit lang wieder genügend Halt bieten.

So befestigen Sie einen lockeren Türknauf

Angenommen Ihr Türgriff ist ein altmodischer Knauf und keine unproblematische Klinke, dann könnte die Reparatur nicht einfacher sein. Die folgenden Schritte gelten für Türknäufe innen und außen.

Schritt 1: Am Schaft des Knaufs sollten Sie ein winzig kleines Metallteil mit einer Feder sehen. Wenn Sie entweder mit der Hand oder mit einem kleinen, flachen Schraubenzieher auf die Feder drücken, wird sie sich lösen und den Türknauf freigeben.

Schritt 2: Ziehen Sie den Knauf herunter, und nehmen Sie dann die Abdeckplatte aus Messing oder Chrom ab, die darunter angebracht ist. Sie sehen nun mehrere Schrauben, mit denen der Türknauf fixiert ist – wenn der Knauf wackelt, haben sich vermutlich einige Schrauben gelockert. Ziehen Sie jede einzelne fest, damit der Türknauf wieder richtig sitzt.

Schritt 3: Bringen Sie die Abdeckplatte und dann den Knauf wieder an. Das war es schon, Ihr wackelnder Türknauf gehört der Vergangenheit an.

So machen Sie ein klemmendes Türschloss wieder beweglich

Wenn sich Ihr Schlüssel nicht mehr problemlos ins Schloss stecken lässt oder zwar hineinpasst, sich aber nur mit Mühe drehen lässt, müssen vermutlich die Teile im Innern geschmiert werden. Grafitpulver hilft hier am besten, denn es ist geruchlos und haftet am Schloss – statt am Schlüssel, an Ihren Händen und schließlich Ihrer Hose hängen zu bleiben. Kaufen Sie sich eine Dose Grafitpulver, und dann kann es losgehen.

Schritt 1: Streuen Sie ein wenig Pulver in und um das Schlüsselloch. Stecken Sie den Schlüssel ins Loch, und drehen Sie ihn mehrmals hin und her, damit sich der Grafit im Schloss verteilt.

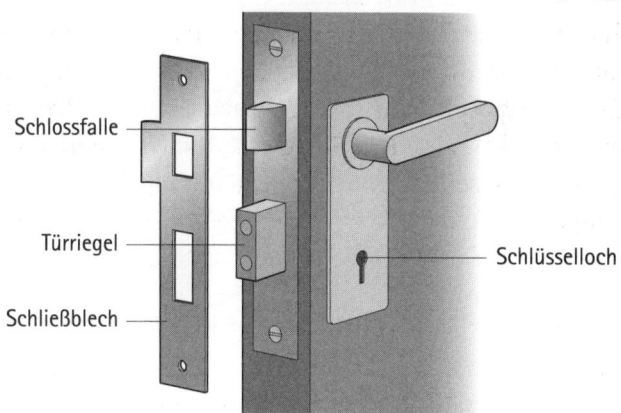

Schlossfalle

Türriegel

Schlüsselloch

Schließblech

Schritt 2: Streuen Sie nun auch Pulver auf den Türriegel. Schließen Sie die Tür, und drehen Sie den Schlüssel. Dieser dreht den Riegel, der nun das Grafit noch weiter in das Schließblech befördert (siehe Abbildung), was Sie glücklich machen wird, weil das Schloss wieder so funktioniert, wie es sollte.

So bessern Sie zerkratzte Fensterscheiben aus

Eine Glasscheibe, die im Lauf der Zeit ein paar kosmetische Kratzer abbekommen hat, braucht nicht ersetzt zu werden; das wäre zu viel des Guten und außerdem Zeit- und Geldverschwendung. Einen Kratzer können Sie nämlich sehr gut selbst ausbessern, indem Sie ihn mit etwas weißer Zahnpasta auffüllen und anschließend die Überreste mit einer Rasierklinge abschaben. Lassen Sie die Zahnpasta antrocknen, und reiben Sie sie dann sanft mit einem weichen, sauberen Tuch kreisförmig in den Kratzer ein. Polieren Sie so lange, bis von der Zahnpasta nichts mehr zu sehen ist und sie den Kratzer einfach mitgenommen hat (so sieht es zumindest aus – in Wahrheit haben die Schleifpartikel in der Zahnpasta den Kratzer still und leise eingeebnet).

Anmerkung: Wenn Sie mit dem Fingernagel quer über das Glas fahren und den Kratzer erspüren können, ist er zu tief für eine Ausbesserung. Ziehen Sie dann sobald wie möglich einen Experten zurate, bevor die Glasscheibe ganz zu Bruch geht.

So bessern Sie Kratzer in Holzmöbeln aus

Ist das betreffende Möbelstück farbig lackiert, ist diese Reparatur ein Kinderspiel.

Schritt 1: Säubern Sie die betroffene Stelle von etwaigen Rückständen, vergewissern Sie sich, dass sie absolut trocken ist, und füllen Sie etwas mehr Holzkitt als nötig in die Rille. Lassen Sie ihn anschließend 24 Stunden trocknen.

Schritt 2: Schleifen Sie überschüssigen Kitt mit einem 200er-Schleifpapier gleichmäßig ab. Wickeln Sie dazu das Papier um einen Holzklotz; das macht das Schleifen – und Ihr Leben – einfacher. Lackieren Sie die Stelle zum Schluss im richtigen Farbton, und fertig ist der Lack! Wirklich supereinfach, oder?

Bei einem klar lackierten Möbelstück gestaltet sich die Sache allerdings etwas schwieriger …

Schritt 1: Säubern Sie die betreffende Stelle und füllen Sie, wie in Schritt 1 beschrieben, den Kitt in den Kratzer. Tragen Sie dann zum Testen fünf Kleckse Kitt auf ein separates Stück Holz auf.

Schritt 2: Schleifen Sie den Kitt auf dem Möbelstück nach 24 Stunden wie zuvor gleichmäßig ab. Damit aber hinterher alles farblich zusammenpasst, kaufen Sie eine Flasche mit Beize, die etwas dunkler ist als die Farbe des Holzes, und eine Flasche Farbverdünner. Mischen Sie in vier getrennten Behältern Beize und Farbverdünner im Verhältnis 8:1, 4:1, 2:1 und 1:1 und tragen Sie mit einem sauberen, trockenen Lappen jede Mischung auf die Prüfstelle mit dem Testkitt auf, den Sie am Vortag gemäß Schritt 1 vorbereitet haben. Auf den fünften Kittklecks tragen Sie die Beize unverdünnt auf.

Schritt 3: Kaufen Sie flüssige Glanzpolitur, die zur ursprünglichen Politur Ihres Möbelstücks passt. Tragen Sie sie mit einem anderen sauberen Lappen auf jeden der Versuchskleckse auf und Sie werden sofort sehen, welcher Farbton am besten zu Ihrem Möbelstück passt. Mischen Sie für die finale Politur Beize und Verdünner im richtigen Verhältnis, tragen Sie die Mischung auf den Kitt im Möbelstück auf, und polieren Sie es anschließend.

Schnellreparatur

Kratzer lassen sich auch etwas unkonventioneller ausbessern: Reiben Sie mit einer dicken Walnuss (ohne Schale) mit kreisenden Bewegungen über den Kratzer und beobachten Sie, wie das natürliche Öl der Nuss ihn wie durch Zauberhand auffüllt. Lassen Sie den Kratzer eine Weile in Ruhe, und tragen Sie noch eine zweite Schicht auf. Wiederholen Sie den Vorgang so lange, bis der Kratzer aufgefüllt ist. Polieren Sie die Stelle zum Schluss mit einem weichen Tuch – der Kratzer sollte verschwunden oder zumindest weniger sichtbar sein. Das funktioniert natürlich nur bei einem oberflächlichen Kratzer, denn eine tiefe Rille mit dieser Methode aufzufüllen, würde Stunden dauern. In so einem Fall würde ich Ihnen empfehlen, die Ratschläge auf Seite 165 f. zu befolgen.

So gehen Sie gegen Blasen bildende Wandfarben vor

Wenn Sie sich entschieden haben, die Wände zu streichen, statt zu tapezieren, kann es vorkommen, dass die Farbe nach einer gewissen Zeit nicht mehr hält. Meistens wirft sie Blasen – das sieht zwar unansehnlich aus, ist aber kein Grund zur Sorge, da sich dies relativ schnell beheben lässt.

Das Problem

Sie erkennen es daran, dass auf der Wand an manchen Stellen Luftblasen sichtbar werden – ein Hinweis darauf, dass die Farbe nicht mehr auf dem Untergrund haftet. Ursache ist übermäßige Feuchtigkeit; entweder war die Wand schon feucht, als Sie sie gestrichen haben, oder sie wurde es nach dem Streichen, oder es dringt Feuchtigkeit durch die Außenwände ein. Falls Letzteres zutrifft, müssen Sie unter Umständen einen Fachmann kommen lassen, denn dann liegt das Problem woanders (und ist größer), aber versuchen Sie es ruhig zuerst mit folgender Methode.

Die Methode

Entfernen Sie mit einem Farbkratzer vorsichtig die aufgeworfene Farbe von der betreffenden Stelle. Lassen Sie die Oberfläche dann trocknen und schleifen Sie sie glatt.

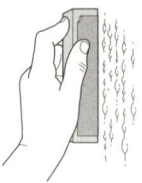

Grundieren Sie die Oberfläche, und streichen Sie sie mit hochwertiger, wasserbasierter Acrylfarbe für Innenräume, damit sie nicht wieder Blasen wirft. Falls die verwendete Farbe nach dem Trocknen zu Ihrem Ärger einen anderen Farbton hat, bleibt Ihnen nichts anderes übrig, als die ganze Wand zu streichen – das ist die Strafe dafür, dass Sie von vornherein am falschen Ort gespart haben.

Andere Probleme – rissige oder abblätternde Farbe

Auf einer Wand mit harmlosen Haarrissen blättert oft die trockene Farbe ab und hinterlässt kahle Stellen. Das ist der Preis dafür, dass Sie entweder (a) billige, minderwertige Farbe gekauft haben, die schlecht haftet und nicht elastisch ist, (b) die Farbe zu dünn aufgetragen haben oder (c) direkt auf einer nicht grundierten Oberfläche gestrichen haben. Kratzen Sie die abblätternde Farbe ab, tragen Sie eine gute Grundierung und zum Schluss eine hochwertige Deckfarbe auf. Damit sollte das Problem eigentlich behoben sein.

So bessern Sie Schadstellen im Putz aus

Ein hässlicher großer Riss an der Wohnzimmerwand muss nicht automatisch heißen, dass Ihr Haus zusammenfällt*: Es könnte auch einfach bedeuten, dass sich

---

* Es könnte allerdings *tatsächlich* bedeuten, dass Ihr Haus zusammenfällt. Falls Sie diesen Verdacht haben oder Ihnen der Riss zu tief und zu lang erscheint, um ihn auffüllen zu können, setzen Sie sich so bald wie möglich mit einem Fachmann in Verbindung.

das Haus in seinem Fundament »setzt«, gerade wenn es ein altes Haus ist. Natürlich kann es auch ein Hinweis darauf sein, dass irgendein unbeholfener Tölpel die Wand mit einem Arbeitsgerät bearbeitet hat, sodass ein Riss (oder Loch) entstanden ist. Wie dem auch sei, die Lösung für dieses Problem ist nur fünf Schritte entfernt.

Schritt 1: Kaufen Sie im Heimwerkermarkt eine Tube Fertigputz und gehen Sie wieder nach Hause – aber vergewissern Sie sich vor dem Verlassen des Marktes, dass Sie bezahlt haben!

Schritt 2: Zu Hause schlagen Sie mit einem kleinen Meißel und einem Hammer den lockeren, rissigen Putz ab, bis eine solide Oberfläche zum Vorschein kommt, auf der Sie arbeiten können. Entfernen Sie lose Putzreste mit einem weichen Tuch.

Schritt 3: Trockene Wände haben manchmal einen Riesendurst, und wenn Sie den Fertigputz auf die Wand auftragen, saugt die Wand die Feuchtigkeit auf und die Mischung trocknet aus. Um keine kostbare Zeit zu verlieren, sollten Sie die Wand mit Wasser befeuchten – z. B. mit einer Sprühflasche oder einem Pinsel –, aber durchnässen Sie sie nicht.

Schritt 4: Wenn Sie es professionell machen wollen, besorgen Sie sich eine Putzhalterung, wie man sie auf Baustellen verwendet, und verputzen Sie den Riss mithilfe eines Spachtels oder einer Maurerkelle. Wenn Sie es wirklich ganz professionell machen wollen, trinken Sie bei der Arbeit geräuschvoll eine Flasche Bier (am besten alkoholfreies, damit das Ergebnis nicht darunter leidet). Ist der Riss tief, müssen Sie ihn lagenweise auffüllen und das Material zwischen zwei Arbeitsgängen trocknen lassen. Falls der Putz zu schnell hart wird, bepinseln Sie ihn wieder mit Wasser.

Schritt 5: Wenn Sie den Riss aufgefüllt haben, sollte die verspachtelte Stelle höher sein als der übrige Putz. Ebnen Sie sie mit einem angefeuchteten Spachtel mit sanften Streichbewegungen ein, und glätten Sie sie. Lassen Sie das Ganze trocknen, überstreichen Sie den Riss mit passender Farbe – und fertig!

So beseitigen Sie Teppichflecken

Egal wie sehr Sie achtgeben, egal wie ruhig Ihre Hand ist, irgendwann wird es unweigerlich passieren, und ein großer hässlicher Fleck verunziert Ihren wunderschönen Teppich. Machen Sie Ihrem Ärger mit ein paar deftigen Schimpfwörtern Luft, und nehmen Sie dann die Beseitigung des Flecks in Angriff. Zum Glück lässt sich das Meiste mit einer Kombination

aus preiswerten Haushaltswaren und einem gerüttelt
Maß an gesundem Menschenverstand entfernen.

Warnung!

Bevor Sie einen der Tipps in diesem Kapitel befolgen, bei dem Sie etwas auf den Teppich auftragen
und verreiben müssen, sollten Sie den Entferner an
einer versteckten Stelle des Teppichs testen (am besten auf einem Restestück), die nachher nicht zu sehen ist, und sich vergewissern, dass der Entferner
nicht die Teppichfasern auflöst oder sie entfärbt.
Falls dies passiert, und Sie befürchten, es würde alles nur noch schlimmer, ziehen Sie einen Fachmann
zurate. Falls Sie weitermachen können, arbeiten Sie
unbedingt mit einem sauberen weißen Tuch und betupfen Sie den Fleck nur, statt auf ihm herumzurei-
ben und ihn damit auszuweiten – die Gründe dürften auf der Hand liegen.

Im Folgenden sind die klassischen Flecken aufgeführt:

Fett: Wenn Sie beim Fernsehen ein Schweinekote-
lett auf den Teppich haben fallen lassen, streuen Sie
Backpulver auf den Fleck, lassen Sie es über Nacht
einwirken, und saugen Sie es am nächsten Tag ab.

Kaugummi: Wenn Sie klebrigen Kaugummi vom Teppich herunterziehen wollen, verschmieren Sie ihn nur auf einer größeren Fläche und verschlimmern damit das Problem. Der Trick besteht darin, den Kaugummi zu gefrieren, damit er spröde wird und leicht abspringt. Reiben Sie deshalb mit einem Eiswürfel über den Kaugummi, damit er hart wird. Warten Sie, bis er richtig fest geworden ist, und kratzen Sie ihn dann sehr vorsichtig ab, um den Teppich nicht zu beschädigen.

Tee und Kaffee: Vermischen Sie entweder einen Teelöffel farbloses, mildes Spülmittel mit einer Tasse lauwarmem Wasser oder 2/3 warmes Wasser mit 1/3 Weißweinessig in einer Tasse, oder benutzen Sie stattdessen Mineralwasser mit Kohlensäure, wenn die Zeit drängt. Bringen Sie den gewählten Entferner mit einem Schwamm auf den Fleck auf, und tupfen Sie ihn mit einem sauberen, weißen Tuch ab, damit auch die letzte Spur Ihres Heißgetränks verschwindet. Bei Bedarf wiederholen. Von allein trocknen lassen. Fertig!

Alkohol Nr. 1. Wein: Mit Weißwein haben Sie leichtes Spiel. Tupfen Sie die Stelle ab, und verteilen Sie mit einem Schwamm Seifenlauge darüber.

Rotweinflecken sind vergleichsweise lästiger und müssen **sofort**, am besten schon gestern, behandelt werden, sonst verfärben sie sich lila und lassen sich noch schwieriger entfernen. Am besten öffnen Sie eine Flasche Weißwein und gießen ihn direkt auf den roten Fleck. Feuchten Sie die Stelle mit kaltem Wasser an, tupfen Sie sie ab, dann sollte der Rotweinfleck wie durch Zauberhand verschwinden. Falls Sie keinen Weißwein zur Hand haben, bestreuen Sie den Fleck einfach mit Salz – es saugt den Rotwein heraus. Lassen Sie das Salz richtig trocken werden, bevor Sie es absaugen.

Alkohol Nr. 2. Bier: Handeln Sie schnell! Tragen Sie eine Mischung aus warmem Wasser und Spülmittel auf, und lassen Sie es fünf Minuten einwirken – die meisten hellen Bierflecken sollten sich mühelos entfernen lassen. Dunklere, bereits eingetrocknete Bierflecken sind im Allgemeinen nicht so leicht zu entfernen, lassen sich aber mit Glyzerin lösen, das Sie auf dem Fleck verreiben. Weichen Sie die betroffene Stelle anschließend mit einer Warmwasser-Borax-Mischung ein, und spülen Sie sie nachher gründlich aus.

Alkohol Nr. 3. Spirituosen: Bei Flecken von allen anderen Alkoholika, die bei ausgiebigem Genuss zu Sprachverlust führen, spülen Sie den Fleck mit kaltem Wasser aus, geben ein Flüssigwaschmittel darauf und lassen es fünf Minuten einwirken. Spülen Sie zum Abschluss alles gründlich aus – bei Bedarf auch häufiger. Bei hartnäckigen Flecken lassen Sie die Mischung länger einwirken.

Schmutz: Hier gibt es mehrere Möglichkeiten ...

Möglichkeit 1: Lassen Sie den Schmutz trocknen, geben Sie dann Flüssigwaschmittel darauf, und betupfen Sie die Stelle mit einem feuchten, sauberen, weißen Tuch. Sie können auch Essig ins Waschmittel geben. Oder...

Möglichkeit 2: Besprühen Sie den Fleck mit weißem Rasierschaum, lassen Sie ihn ein paar Minuten einwirken, und betupfen Sie ihn anschließend mit einem einfachen weißen Küchenhandtuch. Oder...

Möglichkeit 3: Sagen Sie allen Besuchern, sie sollen ihre Schuhe draußen vor der Tür ausziehen.

Alle anderen Flecken: *Die* eine Lösung für alle Fleckprobleme gibt es nicht – denn wenn es so wäre, hätten Sie schon längst nicht mehr weitergelesen. Es gibt aber mindestens zwei einfache Lösungen, die sich bei vielen unansehnlichen Stellen bewährt haben. Für die eine mischen Sie eine halbe Tasse Weißweinessig mit anderthalb Tassen lauwarmem Wasser und tragen diese Mischung auf den Fleck auf. Ein paar Minuten einwirken lassen und mit einem feuchten, sauberen Tuch entfernen. Bei Bedarf wiederholen, bis der Fleck weg ist. Oder Sie mischen einen Teelöffel Feinwaschmittel mit lauwarmem Wasser und gehen wie oben beschrieben vor. Das hilft ebenso gut.

So retten Sie einen maroden Teppich

Hier folgen ein paar kinderleichte Lösungsvorschläge für mehrere häufig anzutreffende Teppich-»Problemchen« (nicht in der Reihenfolge ihrer Wichtigkeit aufgeführt).

1. So frischen Sie einen schäbigen Teppich auf

Er ist alt und abgenutzt und hat seine besten Tage wahrscheinlich schon hinter sich, aber Sie können dem guten alten Stück noch ein paar Lebensjahre schenken, wenn Sie Salz auf die matten Stellen streuen und eine Stunde einwirken lassen. Wenn Sie den Teppich absaugen, sieht er wieder frischer aus.

2. Reparieren Sie lose Teppichfäden

Im Lauf der Zeit lösen sich die Fäden, aber das ist kein Grund zur Sorge. Reißen Sie den Faden nicht ruckartig heraus, sonst ribbeln Sie schneller, als Sie gucken können, den ganzen Teppich auf. Es ist besser, Sie kürzen den lästigen Faden auf die richtige Länge – dazu brauchen Sie lediglich eine scharfe Schere. Sie werden sehen: Keinem Menschen wird es auffallen.

3. So entfernen Sie Möbelabdrücke aus Teppichen

Schwere Möbelstücke, die lange Zeit an ein und derselben Stelle stehen, hinterlassen im Teppich einen Abdruck, den man aber nur sieht, wenn man das Möbelstück verrückt. Am besten ist es, Möbelstücke gar nicht erst zu verrücken, aber wenn Sie dazu gezwungen sind und dann mit den hässlichen Abdrücken dastehen…

Der Abdruck ist klein: Halten Sie ein Dampfbügeleisen 15 Zentimeter über den Teppich, bis er feucht wird, und reiben Sie dann mit der Kante eines Geldstücks auf der betreffenden Stelle hin und her.

Oder legen Sie einen Eiswürfel auf den Abdruck und warten Sie, bis er schmilzt. Auf wundersame Weise bringt dies den Teppich dazu, den Abdruck wegzuschmelzen, aber Sie müssen danach das Schmelzwasser mit einem Schwamm aufsaugen.

Der Abdruck ist tief: Legen Sie ein feuchtes Geschirrtuch oder Badehandtuch (je nach Größe des Abdrucks) auf die betroffene Stelle. Bügeln Sie mit leichtem Druck über das Tuch und lassen Sie es liegen, bis es trocken ist. Durch die Kombination von Hitze und Feuchtigkeit sollten sich die platt gedrückten Teppichfasern wieder aufrichten. Sollte der Abdruck trotz Ihrer Bemühungen immer noch zu sehen sein, müssen Sie sich an einen Experten wenden.

4. So reparieren Sie einen angesengten Teppich

Normalerweise entstehen Teppichverbrennungen durch Zigarettenasche. Stellen Sie also erst einmal überall in der Wohnung Rauchverbotsschilder auf, und überlegen Sie dann, wie Sie die Sache angehen wollen.

Möglichkeit 1: Bei einem nicht sehr tiefen Brandloch reicht es, wenn Sie die verkohlten Spitzen der Teppichfasern einfach abschneiden (Schere) oder abrasieren (Rasierer). Das menschliche Auge kann nicht erkennen, ob einige Fasern etwas kürzer sind als andere.

Möglichkeit 2: Ist der Brandfleck tiefer, ziehen Sie mit einer Pinzette an einer Stelle, die kein Besucher zu Gesicht bekommen wird, mehrere Fäden heraus und rollen Sie sie in der Handfläche zu einer Kugel, die so groß ist, dass sie genau in den Brandfleck passt. Geben Sie etwas Teppichkleber in das Loch oder auf die verbrannte Stelle und drücken Sie die fusselige Kugel hinein. Beschweren Sie die Stelle mit einem großen, dicken Wälzer, zum Beispiel einem Lexikon (vorher ein Stück Papier unterlegen!), und lassen Sie das Ganze trocknen. Zum Schluss laufen Sie ein paarmal über der Stelle hin und her, damit sie nicht mehr ins Auge fällt.

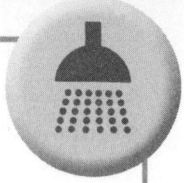

TEIL 6

BADEZIMMER

Eines schönen Morgens drehen Sie die Dusche auf und... nichts kommt heraus! Kein Wasser, nichts, kein Tröpfchen! Sie betätigen die Toilettenspülung, aber in der Schüssel rührt sich nichts vom Fleck. Oder es kommt noch schlimmer: Statt dass alles von einem Wasserschwall weggespült wird, kommt es von unten wieder hoch, tritt über den Rand der Toilettenschüssel und eine Welle aus Unrat überflutet Ihr Badezimmer. Im Badezimmer geht häufiger etwas kaputt, aber die meisten Dinge können Sie spielend leicht selbst reparieren und größere Katastrophen verhindern, wenn Sie die simplen Ratschläge in diesem Kapitel beherzigen.

So bekommen Sie eine verstopfte Toilette wieder frei

Wenn das Wasser jedes Mal, wenn Sie die Spülung betätigen, fast bis an den Schüsselrand hochsteigt und dann quälend langsam abläuft, dann ist ziemlich sicher etwas verstopft. Auf lange Sicht werden Sie möglicherweise Ihre Ernährungsgewohnheiten neu überdenken müssen, aber im Moment ist es wichtiger, die Verstopfung zu lokalisieren und zu beseitigen. Meistens ist der Siphon oder das Abflussrohr verstopft, in das alles geleitet wird. Manchmal können Sie die Verstopfung beseitigen, indem Sie das Wasser mit Druck durch die Schüssel jagen.

Machen Sie aber nicht den Fehler, die Spülung immer wieder zu betätigen, um den Dreck fortzuspülen – dadurch steigt nur Schmutzwasser nach oben, läuft über den Schüsselrand und überflutet den Fußboden. Die bewährte Lösung ist: Besorgen Sie sich eine große Saugglocke und gehen Sie wie folgt vor:

Schritt 1: Schöpfen Sie das in der Schüssel stehende Wasser in einen Eimer, und stoßen Sie dann die Saugglocke, so weit es geht, fest in die Toilette hinein. Ziehen Sie sie langsam wieder nach oben, aber nicht ganz aus der Schüssel – die Gummiglocke sollte nicht verrutschen, wenn Sie sie jetzt mehrmals runter- und rauf-, runter und raufbewegen, bis Sie hören, wie das Wasser ins Abflussrohr abfließt.

Schritt 2: Wenn sich die Verstopfung aufgelöst hat, sollte das Wasser wieder auf seinen normalen Pegel sinken. Spülen Sie nach, um zu sehen, ob wirklich alles einwandfrei funktioniert. Steigt das Wasser wieder an, wiederholen Sie den oben beschriebenen Vorgang so lange, bis der Wasserspiegel sinkt. Tut er das nicht, geben Sie sich geschlagen und holen einen Installateur zu Hilfe.

Warnung!

Falls die Toilette unten undicht ist und das Wasser nicht oben an der Schüssel austritt, holen Sie einen Installateur. Die Dichtung muss erneuert werden. Das bedeutet, dass die Toilette auseinandergenommen werden muss, und das ist mindestens genauso kompliziert, wie es sich anhört. Erkennen Sie Ihre Grenzen, und schalten Sie einen Fachmann ein.

So reparieren Sie eine blockierte Toilettenspülung

Im Spülkasten (dem Kasten über dem Toilettensitz, der steuert, wie viel Wasser in die Toilette fließt) befinden sich mehrere Teile, die kaputtgehen können und dann das einwandfreie Funktionieren des Spülmechanismus verhindern, sodass Ihre Toilettenschüssel voller Fäkalien ist und Sie nicht mehr ein noch aus wissen. Zum Glück lassen sich drei häufig anzutreffende Probleme spielend leicht ohne Installateur beheben.

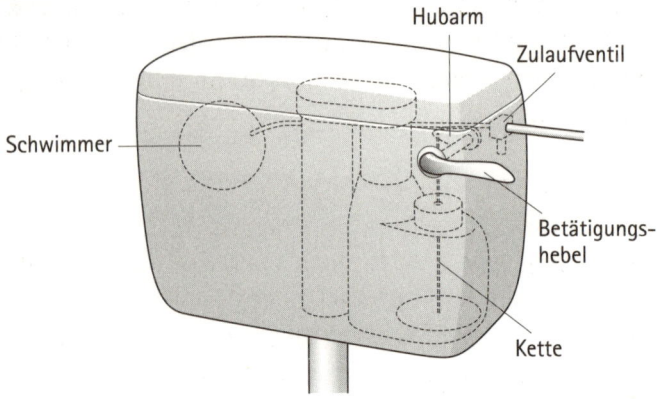

Test 1: Der Schwimmer

Wie der Name schon sagt, ist das ein Teil, das im Spülkasten auf dem Wasser schwimmt und den Wasserzulauf in den Kasten reguliert. In einem funktionierenden Spülkasten sollte so viel Wasser sein, dass der Schwimmer ziemlich weit oben sitzt. Dadurch wird die (am Schwimmer befestigte) Schwimmerstange ausgefahren und drückt gegen das Zulaufventil (siehe Abbildung), das sich schließt, sodass kein Wasser einläuft. Ist kein Wasser vorhanden, steigt der Schwimmer möglicherweise nicht so auf, wie er sollte. Überprüfen Sie, ob er sich verschoben hat und die Kastenwand berührt – denn dann bewegt er sich womöglich nicht mehr nach oben. Wenn ja, biegen Sie die Schwimmerstange vorsichtig mit der Hand, bis der Schwimmer wieder reibungslos hochsteigt. Überprüfen Sie auch, ob Stange und Schwimmer richtig funktionieren – falls eines dieser Teile beschädigt ist, muss es ausgetauscht werden. Dies ist für einen Laien leider zu kompliziert und sollte deshalb einem Fachmann überlassen werden.

Test 2: Der Betätigungshebel

Häufig ist auch der Hebel zu locker, um den Spülvorgang auszulösen. Ursache ist, dass sich auf der anderen Seite des Spülkastens die Haltemutter gelockert hat. Nehmen Sie den Kastendeckel herunter, und ziehen Sie die lockere Mutter mit einem Schraubschlüssel an, aber nicht zu fest.

Falls der Hebel schwergängig ist und sich nicht problemlos nach unten drücken lässt, hat sich an der Mutter möglicherweise Kalk abgelagert. Bürsten Sie die Ablagerungen mit Weißweinessig ab, dann sollte der Hebel wieder richtig funktionieren.

Test 3: Die Kette

Überprüfen Sie zum Schluss die Kette (siehe Abbildung), welche das Abflussrohr öffnet und bei einem voll funktionsfähigen WC vom Hubarm bis zum Klappventil unten im Kasten reichen sollte. Die Kette muss genügend Spiel haben, damit die Spülung richtig funktioniert. Prüfen Sie, ob Sie die Kette mit der

Hand ungefähr einen Zentimeter herauszuziehen können, bevor sie die Klappe anhebt. Ist sie zu locker
oder zu straff, geht das nicht. Justieren Sie die Kette
also entsprechend, indem Sie sie vom Haken nehmen
und ein anderes Kettenglied einhängen. Sie müssen
eventuell ein bisschen herumprobieren, bis Sie die
richtige Spannung gefunden haben, aber wenn die
Alternative eine Überschwemmung auf dem Fußboden ist, dann lohnt sich der Aufwand auf jeden Fall.

So bringen Sie einen tropfenden Wasserhahn in Ordnung

Mit einem gelegentlichen Tröpfeln kann man leben,
das ist ganz normal und kein Grund zur Sorge. Erst
wenn aus dem gelegentlichen Tröpfeln ein Dauertröp-
feln wird – tropf-tropf-tropf –, haben Sie ein Problem.
Das raubt Ihnen nicht nur den Schlaf und Ihr Geld,
weil Sie für jeden einzelnen Tropfen bezahlen, der
im Abfluss verschwindet, sondern durch das ständige
Tropfen bilden sich auch hässliche Flecken in Waschbecken oder Badewanne. Also: Schnell reparieren!

Grundsätzlich gilt: Tropft es aus dem Wasserhahn,
stimmt etwas mit dem Dichtungsring nicht; tropft es
aus dem Griff, liegt es am O-Ring. Klären Sie dies
vorher ab, und befolgen Sie dann die entsprechenden
Ratschläge.

Warnung!

Damit Ihnen das Wasser nicht wie in einer Slapstick-komödie ins Gesicht spritzt, stellen Sie den Wasser-zulauf ab, bevor Sie sich an den Wasserhähnen zu schaffen machen – entweder an den Eckventilen unter dem Waschbecken oder am Haupthahn. Drehen Sie dann den Wasserhahn auf, damit in den Rohren verbliebenes Wasser abfließen kann. Kommt kein Wasser mehr heraus, schließen Sie den Hahn und stöpseln das Becken zu, damit Ihnen die vielen Kleinteile nicht in den Ausguss fallen.

Problem 1: Es tropft aus dem Hahn

Die Dichtung ist der kleine Gummiring im Ventil, der abdichten soll. Ein tropfender Hahn bedeutet, dass die Dichtung ausgetauscht werden muss. Besorgen Sie im Heimwerkermarkt Ersatz, und legen Sie los.

Schritt 1: Entfernen Sie das Oberteil des Wasserhahns. Dazu müssen Sie meistens die Schraube herausdrehen, mit der er fixiert ist. Bei älteren Hähnen ist die Schraube auf dem Schaft des Griffes zu sehen, bei modernen ist sie unter den Temperaturanzeigern (Rot für heiß, Blau für kalt) versteckt, die sich aber ganz leicht mit einem Flachkopfschraubenzieher abnehmen lassen. Wenn Sie die Schraube entfernt haben, sollte sich das obere Teil mühelos abziehen lassen.

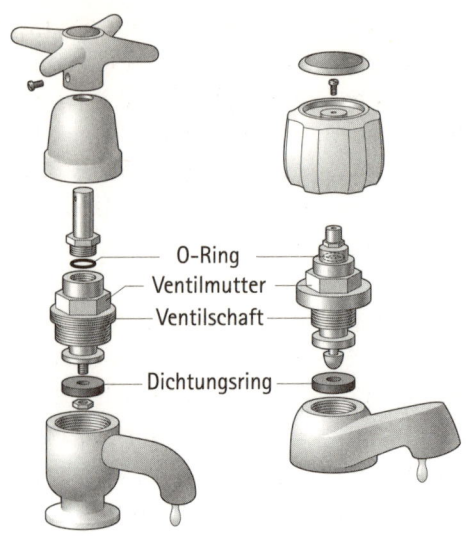

O-Ring
Ventilmutter
Ventilschaft
Dichtungsring

Schritt 2: Drehen Sie mit einem Mutternschlüssel die große Ventilmutter ab (siehe Abbildung). Halten Sie dabei den Hahn fest, damit er sich nicht mitdreht. Das Drehen des Wasserhahns kann den darunterliegenden Mechanismus und die Rohre beschädigen, und das sollten Sie vermeiden. Um die Mutter beim Abdrehen vor Kratzern zu schützen, legen Sie vorher ein Tuch zwischen Mutter und Schlüssel.

Schritt 3: Ziehen Sie den Schaft heraus (siehe Abbildung), dann sehen Sie unten die Dichtung, ein kleines rundes Gummiteil. Wenn sie sich direkt herunterziehen lässt, ziehen Sie sie direkt herunter. Hat sie eine Haltemutter, lösen Sie diese zuerst und nehmen die Dichtung dann ab. Setzen Sie die neue Dichtung ein – sie muss exakt die gleiche sein wie die alte – und gehen Sie dann in umgekehrter Reihenfolge vor, um die Armatur wieder auf den Wasserhahn zu schrauben, aber nicht zu fest. Jetzt sollte der Wasserhahn nicht mehr tropfen.

Problem 2: Es tropft aus dem Griff

Wenn Wasser aus dem Griff tropft, ist höchstwahrscheinlich der O-Ring schadhaft. Dieser Gummiring liegt weiter oben am Ventilschaft (siehe Abbildung). Im Lauf der Zeit wird der Gummi brüchig, sodass Wasser aus dem Hahn austritt. Folgen Sie Schritt 1, 2 und 3, um ihn auszutauschen. Aber statt den Dichtungsring herauszunehmen und zu ersetzen, lösen Sie stattdessen den O-Ring vorsichtig mit einem Schraubendreher, fetten den Ersatzring ein, damit er länger hält als der alte, setzen ihn ein und bauen den Wasserhahn wieder zusammen, indem Sie die Schritte 1 bis 3 von Problem 1 in umgekehrter Reihenfolge ausführen.

So reparieren Sie einen Wasserhahn, der sich nicht mehr drehen lässt

Durch hartes Wasser* kommt es in Wasserhähnen gelegentlich zu Kalkablagerungen. Im schlimmsten Fall legen diese die Teile im Innern lahm, und das Auf- und Zudrehen des Wasserhahns wird immer mühsamer. Im besten Fall wird aus dem einst gewaltigen Wasserschwall ein armseliges Tröpfeln. Deshalb müssen Sie etwas dagegen tun – zum Glück ist das wirklich kinderleicht.

Schritt 1: Stellen Sie den Wasserzulauf ab, nehmen Sie die Abdeckung oder den Griff der Armatur herunter und ziehen Sie den Schaft heraus (siehe Schritte 1 und 2 von Problem 1 auf Seite 185 f.).

Schritt 2: Tauchen Sie ein weiches Bürstchen (das so klein und biegsam ist, dass Sie damit in die Ecken und Winkel des Ventilschafts gelangen) in Essig, und entfernen Sie vorsichtig den Kalk vom Schaft.

Schritt 3: Mehr brauchen Sie nicht zu tun. Sie könnten den Schaft mit einem Küchentuch trocken tupfen,

---

* Hartes Wasser enthält mehr Mineralien (Kalzium und Magnesium) als weiches Wasser. Durch diese Mineralien entstehen in hartem Wasser oft Ablagerungen in den Rohren und im Wasserkocher (Kalk). Sie müssen regelmäßig entfernt werden, damit alles ordnungsgemäß funktioniert.

wenn Sie einen viel beschäftigten Eindruck machen wollen, aber er wird sowieso wieder nass, wenn er im Wasserhahn verschwindet – es bringt also herzlich wenig. Setzen Sie alle Teile wieder zusammen, indem Sie die oben gezeigten Schritte zum Herausnehmen des Schafts in umgekehrter Reihe ausführen. Fertig!

So bekommen Sie verstopfte Waschbecken wieder frei

Wenn sich in Ihrem Waschbecken Schmutz und Dreck ansammelt, verstopft es, fängt an zu stinken, läuft über und das Wasser ergießt sich über den Fußboden. Dann ist der Boden hinüber und wahrscheinlich auch Ihre Socken oder Hausschuhe. Sie müssen also sofort eingreifen, damit es gar nicht erst so weit kommt. Ein Waschbecken kann in drei Etappen »entstopft« werden:

Etappe 1: Die Flüssiglösung
Sie könnten natürlich einen der vielen Abflussreiniger kaufen, die es im Supermarkt gibt, aber die darin enthaltenen Chemikalien zersetzen bekanntlich die Rohre. Die bessere und natürlichere Methode ist, kochendes Wasser in den Ausguss zu schütten – eine simple Schocktaktik, die sich oft als sehr wirksam erweist.

Wenn Sie es dramatischer lieben, streuen Sie eine Tasse Backpulver in den Ausguss und gießen eine

Tasse Weißweinessig hinterher. Treten Sie dann einen Schritt zurück, und beobachten Sie die chemische Reaktion. Wenn das Zischen nachgelassen hat, spülen Sie mit kochend heißem Wasser nach. Wiederholen Sie dies so oft wie nötig. Hilft das nicht, fahren Sie mit Etappe 2 fort.

Etappe 2: Die große Saugglocke

Lässt sich die Verstopfung nicht mit Wasser wegspülen, geht es nur mit Saugkraft – dazu brauchen Sie eine große Gummisaugglocke, wie es sie in allen guten Heimwerker- und Baumärkten gibt. Lassen Sie das Waschbecken fünf bis sieben Zentimeter hoch mit Wasser volllaufen, schmieren Sie den Rand der Glocke großzügig mit Vaseline ein (das erhöht die Saugkraft), und setzen Sie sie auf das Abflussloch. Führen Sie jetzt mehrere forsche Stampfbewegungen aus. Sie sollten die Glocke dabei aber nicht ins Rohr hineindrücken, sondern ein Vakuum entstehen lassen, das den Dreck heraussaugt. Unterbrechen Sie Ihre Arbeit zwischendurch immer wieder und sehen Sie nach, ob sich die Blockade inzwischen gelöst hat. Stampfen Sie so lange, bis sie weg ist. Anschließend, wenn alles sauber ist, gießen Sie kochendes Wasser ins Waschbecken und spülen damit die letzten hartnäckigen Rückstände weg.

Etappe 3: Die letzte Hoffnung

Falls Etappe 1 und 2 nicht zum gewünschten Erfolg führen, ist die Reinigung des U-Rohrs (Siphons) Ihre letzte Hoffnung. Das U-Rohr ist das gekrümmte Abflussrohr, das unter dem Waschbecken verborgen ist und Schmutzreste aufnehmen kann.

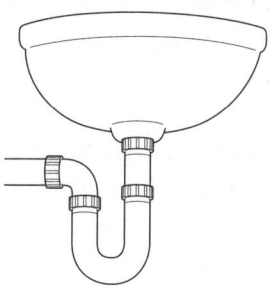

Schieben Sie zuerst einen Eimer unter das Rohr zum Auffangen von Schmutzwasser, und drehen Sie dann das Wasser ab, damit es keine Überschwemmung gibt. U-Rohre vom neueren Typ lassen sich mit der Hand auseinanderdrehen, ältere Modelle sind mit Muttern fixiert, die Sie mit einer Zange sorgfältig abschrauben müssen. Lockern Sie die Muttern, schrauben Sie sie dann mit der Hand ab, und verwahren Sie sie. Entfernen Sie das U-Rohr und lassen Sie das darin vorhandene Wasser in den Eimer fließen. Spülen Sie das Rohr mit heißer Seifenlauge aus, um hartnäckige Rückstände zu beseitigen, befestigen Sie es wieder, und ziehen Sie die Muttern fest an.

Etappe 4: Sie haben alle Hoffnung fahren lassen
Wenn das alles nichts nutzt, fluchen Sie laut und lassen einen Installateur kommen.

So bringen Sie einen verkalkten Duschkopf wieder in Schuss

Wenn Sie duschen wollen und nur ein paar Tröpfchen Wasser aus dem Brausekopf spritzen, mit denen man nicht einmal eine Maus nass machen könnte, hat sich darin im Lauf der Zeit bestimmt Ihr alter Feind, der Kalk, eingenistet. Das können Sie wahrscheinlich an den weißen, verkrusteten Ablagerungen an den Löchern des Duschkopfes und den Verbindungsteilen erkennen. Die müssen Sie entfernen, damit die Dusche wieder einwandfrei funktioniert. Sie können das Problem auf verschiedene Arten angehen:

Die einfache Lösung

Am einfachsten ist es, Sie wischen den Duschkopf gründlich mit einem weichen Tuch ab, das Sie zuvor in Essigwasser getaucht haben. Dadurch löst sich der Kalk, sodass Sie ihn leichter entfernen können. Reinigen Sie mit einem Zahnstocher alle verkalkten Öffnungen am Duschkopf. Da Sie dabei aber die Ablagerungen in den Duschkopf zurückschieben, wird das Problem früher oder später wieder auftauchen.

Die kompliziertere Variante

In diesem Fall müssen Sie gründlicher vorgehen, nämlich den Duschkopf abnehmen und ihn innen richtig sauber machen. Diese Lösung ist zwar komplizierter, aber dauerhafter.

Schritt 1: Zum Schutz wickeln Sie Klebeband um das Gewinde des Duschkopfs (da, wo er mit dem Rohr in der Wand oder dem Duschschlauch verbunden ist) und schrauben ihn dann mit einer Zange ab.

Schritt 2: Hebeln Sie den Duschkopf vorsichtig mit einem stumpfen Messer entlang der Dichtung auf. Legen Sie beide Teile (und alle Innenteile) des Kopfs in einen Eimer mit Essigwasser (drei Teile Weißweinessig auf einen Teil Wasser) und lassen Sie alles 24 Stunden einweichen. Der Essig wird den Kalk auflösen.

Schritt 3: Stoßen Sie am nächsten Tag einen Zahnstocher oder ein Cocktailspießchen durch die Löcher am Duschkopf, um Kalkreste zu entfernen.

Schritt 4: Schrubben Sie den Duschkopf innen und außen mit einer alten Zahnbürste, bis auch das letzte bisschen Kalk verschwunden ist. Spülen Sie die Teile in kaltem Wasser aus, und lassen Sie sie vollständig trocknen.

Schritt 5: Verschrauben Sie Duschkopf und Rohr wieder, und drehen Sie die Dusche auf. Aus dem einst armseligen Tröpfeln sollte nun eine Sintflut biblischen Ausmaßes geworden sein.

So reparieren Sie einen undichten Duschkopf

Falls Sie den Duschkopf bereits sauber gemacht haben (siehe Seite 193) und er immer noch tropft, ist höchstwahrscheinlich eine Dichtung kaputt. Sie ist dort angebracht, wo das Rohr oder der Schlauch mit dem Duschkopf verschraubt ist. Eine intakte Dichtung lässt kein Wasser durch. Falls sie rissig oder beschädigt ist, dichtet sie nicht mehr ab, und das Wasser spritzt in alle Richtungen. Mit der folgenden Anleitung sollten Sie dieses Problem ruck, zuck beheben können.

Schritt 1: Schrauben Sie den Duschkopf mit einer Zange vom Schlauch ab. Umwickeln Sie die Verbindungsstelle zum Schutz mit Klebeband.

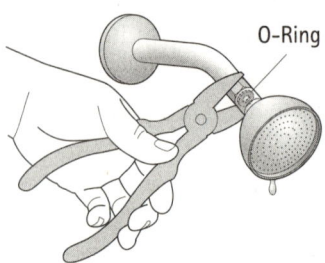

Schritt 2: Unten am Kopf sehen Sie jetzt den O-Ring. Wenn er kaputt oder altersschwach aussieht, tauschen Sie ihn gegen einen neuen aus, den Sie in jedem Heimwerkermarkt bekommen.

Schritt 3: Schieben Sie den O-Ring bis zum Rand in den Duschkopf hinein und verschrauben Sie diesen wieder mit dem Rohr oder Schlauch. Ziemlich sicher haben Sie jetzt Ruhe. Wenn nicht, wissen Sie ja, an wen Sie sich wenden müssen.

So bessern Sie Risse in der Badewanne aus

Eine Badewanne mit einem Riss, der sich über die ganze Länge zieht, wird undicht, sodass sich Wasserpfützen auf dem Boden bilden, die Feuchtigkeit erzeugen. Das kann unter Umständen dazu führen, dass der Fußboden irgendwann auf den Nachbarn kracht, der unter Ihnen wohnt. Das ist natürlich ein Katastrophenszenario, aber dieses Risiko wollen Sie sicher nicht eingehen. Deshalb müssen Sie die Sache so schnell wie möglich angehen, aber nur, wenn der Riss nicht länger als zwei bis drei Zentimeter und nur millimeterbreit ist. Bei größeren Rissen müssen Sie einen Fachmann zurate ziehen oder eine neue Badewanne kaufen (das ist womöglich billiger). Kleine Risse lassen sich aber ganz leicht ausbessern ...

Schritt 1: Wenn Sie an die Unterseite der Badewanne herankommen, dann arbeiten Sie von dort aus. Dazu müssen Sie in aller Regel eine Abdeckplatte entfernen, aber das müssen Sie vor Ort selbst prüfen. Warum sollten Sie von unten aus arbeiten? Einfach deshalb, weil das Füllmaterial, das Sie im zweiten Schritt verwenden werden, weniger ins Auge fällt, wenn es an einer unsichtbaren Stelle auf der Unterseite aufgebracht wird. Suchen Sie also den Riss und überzeugen Sie sich davon, dass er sauber und trocken ist, bevor Sie sich ans Werk machen.

Schritt 2: Um den Riss aufzufüllen, haben Sie zwei Möglichkeiten. Kaufen Sie entweder (a) einen Polyesterfüller oder (b) einen flexiblen Zweikomponentenkleber auf Epoxidbasis – lassen Sie sich vom Verkäufer zum richtigen Regal lotsen. Bei beiden Produkten müssen Sie den Riss mit dem Kleber auffüllen, mit einem feuchten Schwamm glätten und trocknen lassen.

Schritt 3: Wenn der Füller/Epoxidkleber richtig ausgehärtet ist, schleifen Sie die betreffende Stelle auf der sichtbaren Seite der Badewanne plan zur restlichen Oberfläche und übermalen den Füller anschließend mit wasserfestem Kleber im passenden Farbton. Und fertig ist die Reparatur!

Anmerkung: Bei einem kleineren Riss, der noch nicht durch die ganze Badewanne verläuft und daher unbedeutend ist, überspringen Sie Schritt 1 und beginnen bei Schritt 2.

So kleben Sie eine gesprungene Fliese

Wenn man Ihnen gefahrlos einen Hammer in die Hand geben kann, ohne dass Sie damit etwas zertrümmern, ist die Reparatur einer gesprungenen Fliese im Badezimmer oder sonst wo im Haus wirklich ein Leichtes...

> **Warnung!**
>
> Kaputte Fliesen können scharfkantig und gefährlich sein. Schützen Sie sich mit einer Sicherheitsbrille und Handschuhen vor Verletzungen, wenn Sie Bruchstücke herausschlagen. Ziehen Sie auch feste Schuhe an.

Schritt 1: Bevor Sie sich an die kaputte Fliese machen, klopfen Sie die anderen Fliesen ringsum vorsichtig mit dem Hammerstiel ab, um zu überprüfen, ob sie eventuell ebenfalls beschädigt sind. Alle Fliesen, die ein schwächeres, hohleres Geräusch von sich geben, sind wahrscheinlich kaputt und müssen ersetzt werden.

Schritt 2: Um die Fliese zu entfernen, bohren Sie zuerst ein kleines Loch in die Mitte und setzen in dem Loch dann einen Meißel schräg zwischen der Fliesenrückseite und der Wand, dem Boden oder dem Untergrund an, auf dem die Fliese angebracht ist. Hämmern Sie so lang vorsichtig auf die Fliese ein, bis sie so oft gesprungen ist, dass Sie die Einzelteile mühelos abschlagen und wegnehmen können.

Schritt 3: Sobald Sie die Fliese entfernt haben, kratzen Sie Kleberrückstände auf der Wand mit einem stumpfen Messer ab. Bei hartnäckigen Rückständen erhitzen Sie die Messerklinge ein paar Sekunden lang über einer Flamme – dann schneidet sie mühelos durch den Kleber.

Schritt 4: Verteilen Sie auf der Rückseite der Fliese, die Sie neu anbringen wollen, oder auf dem Untergrund gleichmäßig Silikonkleber. Setzen Sie die Fliese ein, und sorgen Sie mit Fliesenkreuzen oder Streichhölzern für eine gleichmäßige Fugenbreite. Ist die Fliese nicht bündig mit den anderen Fliesen, nehmen Sie, wenn nötig, noch etwas Kleber weg. Sobald sie richtig sitzt, wischen Sie Kleberreste mit einem feuchten Tuch oder Schwamm ab und lassen alles 24 Stunden antrocknen.

Schritt 5: Füllen Sie die Ritzen um die Fliese einen Tag später – und keine Minute früher! – mit Fugenmörtel aus der Tube auf. Wischen Sie mit einem feuchten Schwamm Rückstände weg und lassen Sie den Mörtel trocknen. Polieren Sie die Fliese zum Schluss mit einem trockenen Tuch auf Hochglanz.

TEIL 7

GARTEN

Im Garten und im Bereich ums Haus lauern zahlreiche Unfallgefahren. Wenn nicht die Regenrinne verstopft ist und durchhängt, wackelt bestimmt der Torpfosten oder die Gartengeräte sind stumpf; oder der Rasenmäher will nicht mehr mähen; oder die Terrakottatöpfe haben große hässliche Risse. Diese und andere Probleme werden in diesem Kapitel besprochen – also rein in die Gummistiefel und frisch ans Werk!

So reparieren Sie ein schief hängendes Gartentor

Ein Gartentor gerät oft in Schieflage, wenn es in den Erdboden statt in Beton eingelassen ist. Das Holz saugt nämlich Feuchtigkeit aus der Erde auf, die ins Holz dringt und es aufweicht. Dadurch kippt das Gartentor irgendwann um und reißt vielleicht sogar den ganzen Zaun mit. Damit es erst gar nicht so weit kommt und Sie sich auch noch über einen kaputten Zaun ärgern müssen, sollten Sie das Gartentor wieder ins Lot bringen, sobald es anfängt durchzuhängen. Das ist eigentlich ganz einfach...

Schritt 1: Ziehen Sie sämtliche sichtbaren Schrauben mit einem geeigneten Schraubendreher fest – wenn Sie Glück haben, genügt das schon, damit das Gartentor wieder richtig hängt, und Sie sparen sich den nächsten Schritt.

Schritt 2: Ist es mit Schritt 1 nicht getan, müssen Sie den Torpfosten mit einer Wasserwaage wieder ins Lot bringen. Wenn er schief steht, richten Sie ihn wieder auf und schaufeln das Erdreich auf der Seite, auf die er sich neigte, 25 bis 50 Zentimeter tief und 15 Zentimeter breit aus (hat er sich beispielsweise nach links geneigt, dann schaufeln Sie das Erdreich links vom Pfosten aus).

Schritt 3: Das Erdreich ist zu schwach, um das Gewicht des Pfostens zu halten – deshalb neigt er sich und muss mit feinem Kies neu aufgestellt werden. Füllen Sie das Loch rings um den aufrecht stehenden Pfosten (mit der Wasserwaage kontrollieren!) dicht mit Kies auf.

Schritt 4: Nehmen Sie einen schmalen, ungefähr 15 Zentimeter langen Holzkeil und legen Sie ihn zwischen Pfosten und Kies mit der flachen Seite an den Pfosten an. Schlagen Sie ihn dann mit einem Hammer so weit ein, bis das obere Ende des Keils auf Bodenniveau ist. Der Keil leistet dem Pfosten mehr Widerstand, falls sich dieser wieder neigt, und bietet ihm länger Halt.

Schritt 5: Füllen Sie zum Schluss noch mehr Kies auf, sodass man den Keil nicht mehr sieht. Damit sollte die Sache erledigt sein. Falls das Tor trotzdem wieder schief hängt, wäre es besser, statt Kies Beton zu verwenden – leider ist das eine umfangreichere Arbeit für einen richtigen Profi.

So reinigen Sie eine verstopfte Regenrinne

Welkes Laub gelangt sehr leicht in die Regenrinne und verstopft sie, sodass sie durchhängt und sich verbiegt. Vielleicht sind Sie der Ansicht: »Solange man nichts sieht, ist es nicht so schlimm«, aber da irren Sie sich. Eine durchhängende Regenrinne wird mit der Zeit undicht, und eine undichte Stelle verursacht alle möglichen Probleme – im Haus und draußen.

Damit Sie nicht buchstäblich vom Regen in die Traufe kommen, müssen Sie eine durchhängende Regenrinne sobald wie möglich reparieren – hier steht, wie es geht.

Schritt 1: Sofern Sie nicht endlos lange Arme haben, kommen Sie nur mit einer Leiter an die Regenrinne. Wenn Sie oben sind, entfernen Sie alles, was sie verstopft, und werfen es runter oder über den Zaun auf Nachbars Grundstück.

Warnung!

Es gibt viele heldenhafte Arten, wie Sie Ihrem Schöpfer begegnen können (zum Beispiel blinde Waisenkinder aus einem brennenden Gebäude retten oder Ihr Leben für die Bundeskanzlerin opfern), aber ein Sturz von einer Leiter – weil Sie ein paar welke Blätter entfernen wollten – gehört nicht dazu. Wenn Sie also auf eine Leiter steigen, um an die Regenrinne zu gelangen, stellen Sie sie sicher auf: Der Winkel sollte maximal 75 Grad betragen, der Boden sollte eben und fest sein, ein vertrauenswürdiger Helfer sollte die Leiter festhalten, und die Leiter muss so stehen, dass Sie sich nie übermäßig strecken müssen und dabei möglicherweise zu Tode stürzen.

Schritt 2: Wenn die Regenrinne frei ist, steigen Sie von der Leiter und stochern mit einem dünnen Gegenstand – etwa einem Metallkleiderbügel oder einem Stock – unten im Fallrohr herum, um auch die letzten Blockaden zu beseitigen. Holen Sie den Schmutz mit der Hand heraus.

Schritt 3: Erklimmen Sie die Leiter noch einmal, diesmal mit einem Wasserschlauch bewaffnet, und spritzen Sie hartnäckige Rückstände heraus, die im Fallrohr hängen geblieben sind. Bitten Sie Ihren Helfer, das Wasser erst dann aufzudrehen, wenn Sie oben stehen – nicht früher. Legen Sie zum Schluss ein Stück Gaze über die Öffnung des Fallrohrs, damit künftig kein Laub mehr hineinfällt und es wieder blockiert.

Anmerkung: Arbeiten Sie immer von der Öffnung des Fallrohrs (das ist das Rohr, das von der Rinne in den Ablauf führt) zum Ende der Rinne hin und niemals umgekehrt. Damit verhindern Sie, dass noch mehr Schmutz in das Ablaufrohr gelangt und alles schlimmer macht.

So schleifen Sie Gartengeräte

Warnung!

Tragen Sie immer Handschuhe, wenn Sie mit Gartenwerkzeugen arbeiten – selbst ein harmloses Gartengerät kann so scharf sein, dass Sie sich damit einen Körperteil abtrennen können. Kommen Sie deshalb niemals einer Klinge in die Quere, und wenn es sicherer ist, das Werkzeug vor der Bearbeitung in einen Schraubstock zu spannen, dann tun Sie es!

Mit der Zeit werden die Klingen von Gartengeräten stumpf, sodass es Mühe macht, die Koniferen zu stutzen, ein Loch zu graben oder was immer Sie im Garten vorhaben. Hier geht es auch um Ihre Sicherheit, denn je mehr Druck Sie auf ein stumpfes Werkzeug ausüben müssen, damit es schneidet oder gräbt, desto größer ist die Gefahr, dass Sie abrutschen und sich an Armen oder Beinen verletzen – und das ist nicht ideal.

Scharniere

Wenn das Gerät eine Scharniermutter hat – wie es bei Gartenscheren und anderen scherenähnlichen Geräten manchmal vorkommt –, ziehen Sie sie bei Bedarf fest, denn bei einer lockeren Mutter lösen sich oft die beiden Schneidmesser, sodass sie nicht mehr richtig schneiden. Wenn die Messer mit festgezogener Mutter wieder besser schneiden, können Sie den Rest dieses Eintrags überspringen und etwas anderes reparieren.

Hier folgen ein paar Anleitungen zum Schärfen von Gartengeräten, damit diese wieder richtig schneiden. Die Hinweise gelten für jedes Gerät, das zwei scharfe, scherenähnliche Schneidblätter hat, die am Grund der Klingen zusammenlaufen und durchgehend bis zur Spitze schneiden (zum Beispiel Gartenscheren, Baumscheren, Astscheren, Heckenscheren und Grasschneider), ebenso für alle Geräte mit einer Klinge, die schon bessere Zeiten gesehen hat (z. B. die Klingen eines Spatens, einer Hacke, einer großen, Furcht einflößenden Axt und so weiter). Wählen Sie Ihre Waffe, und schärfen Sie sie, wie nachfolgend beschrieben.

Schritt 1: Entfernen Sie alle Erd- und Schmutzrückstände mit Seifenwasser, und lassen Sie das Gerät falls nötig trocknen. Das Schärfen einer verschmutzten Klinge richtet mitunter mehr Schaden an – widerstehen Sie deshalb dem Drang, die Sache abzukürzen. Suchen Sie die Klinge auch nach Roststellen ab, und bessern Sie diese aus, bevor Sie mit dem Schleifen beginnen (Genaueres siehe Seite 208 f.).

Schritt 2: Ihrer Gesundheit und Sicherheit zuliebe sollten Sie das Gerät fest in einen Schraubstock einspannen und dann die richtige Metallfeile für die Arbeit aussuchen. Feilen gibt es in allen möglichen Größen, und der Verkäufer im Heimwerkermarkt berät Sie sicher gern (oder weist Ihnen zumindest mit undeutlichen Handbewegungen den Weg zum falschen Regal).

Schritt 3: Suchen Sie die ursprüngliche Kantenabschrägung, auch Messerklinge genannt – selbst stumpfe Geräte sollten eine haben –, nach der Sie sich richten können. Legen Sie die Feile im selben Winkel (je nach Gerät zwischen 40 und 75 Grad) fest auf die Klinge, und streichen Sie ein paarmal leicht und ebenmäßig darüber, um sie zu schärfen. Arbeiten Sie beim Feilen immer vom Körper weg. Nach ungefähr zehn Bewegungen sollte sauberes, scharfes Metall zum Vorschein kommen. Feilen Sie die ganze Klinge so lange, bis sie wieder scharf ist.

Anmerkung: Feilen Sie nie hin und her, damit beschädigen Sie die Klinge; und vermeiden Sie kurze, hastige Bewegungen, sonst rutschen Sie von der Klinge ab.

Schritt 4: Schleifen Sie ganz behutsam über die Klingenrückseite, um hängengebliebene Metallspäne zu entfernen. Wischen Sie die Klinge zum Schutz vor Rost auf beiden Seiten mit einem öligen Lappen ab (verwenden Sie leichtes Maschinenöl), und lassen Sie sie gut trocknen. Danach ist Ihr Gerät wieder einsatzfähig.

Falls die Klinge nicht nur stumpf, sondern eindeutig kaputt ist, kommen Sie mit den genannten Vorschlägen nicht weiter. Entsorgen Sie das Gerät, und kaufen Sie sich ein neues, oder beißen Sie in den sauren Apfel und bezahlen Sie einen Profi für die Reparaturarbeit.

So retten Sie rostige Geräte

Rost macht Gartengeräten zu schaffen, da er sich wie ein Virus immer weiter ins Metall hineinfrisst und es von innen zersetzt. Wenn Sie beizeiten dagegen vorgehen, können Sie Dauerschäden vermeiden ...

Schritt 1: Reiben Sie die Roststellen mit einem Allzwecköl ein, und scheuern Sie den Rost dann mit Stahlwolle weg – bei hartnäckigem Rost unter Umständen mehrmals.

Warnung!

Denken Sie daran, bewegliche Geräteteile alle paar Monate festzuziehen und ordentlich zu schmieren, damit sie nicht rosten und sich verklemmen. Wenn Sie eher ein Abenteurertyp sind, nehmen Sie das Gerät vorsichtig auseinander und ölen Sie alle beweglichen Teile, aber merken Sie sich, was wohin gehört, damit Sie es wieder richtig zusammenbauen können.

Schritt 2: Oder hängen Sie Ceylon-Teebeutel in einen großen Topf mit kochendem Wasser, lassen Sie den Tee ziehen, bis das Wasser trübbraun ist, und legen Sie dann Ihr Gartengerät über Nacht in diese Wunderbrühe. Die Tanninsäure im Tee frisst den Rost weg.

Schritt 3: Egal, für welche Methode Sie sich entscheiden – wenn Sie fertig sind, rubbeln Sie Rostrückstände mit einem weichen Tuch ab, waschen das Gerät mit warmem Seifenwasser ab und lassen es gut trocknen. Und damit Sie Schritt 1 und 2 in Zukunft vermeiden können, trocknen Sie Ihre Gartengeräte nach jedem Gebrauch immer gut ab und bewahren Sie sie warm und trocken auf.

So setzen Sie einen defekten Rasenmäher wieder in Gang

Moderne Rasenmäher versagen aus allen möglichen Gründen den Dienst – kein Wunder bei der ganzen Verkabelung, den Filtern und den diversen Kleinteilen! Am häufigsten kranken Rasenmäher aber daran, dass sie nicht anspringen wollen, egal wie oft Sie sie einschalten, beschimpfen oder dagegentreten. Aber ärgern Sie sich nicht! Das Problem löst sich meistens dadurch, dass Sie bis zehn zählen und dann die folgenden Anweisungen befolgen.

Test 1: Der Treibstoff
Ist Treibstoff im Rasenmäher? Wenn nicht, füllen Sie welchen nach und die Sache ist erledigt. Wenn der Rasenmäher Treibstoff hat, dieser aber schon seit Monaten vor sich hin gärt, ist er wahrscheinlich abge-

standen, und mit abgestandenem Treibstoff springt ein Rasenmäher nicht an und läuft auch nicht. Sie müssen also neuen einfüllen. Grundsätzlich gilt: Lassen Sie den Treibstoff nach jeder Mähsaison ab. Am einfachsten geht das, indem Sie den Mäher so lange laufen lassen, bis der Tank leer ist.

Anmerkung: Falls Sie den Verdacht haben, es sei Wasser in den Treibstoff gelangt (das kann vorkommen, wenn sich auf dem Mäher Eis bildet und beim Schmelzen in den Tank läuft), müssen Sie den alten Treibstoff ablassen und neuen einfüllen.

Test 2: Der Vergaser

Bleibt der Sprit über einen längeren Zeitraum im Tank, verdunstet er und verstopft den Vergaser, was wiederum den Motor beeinträchtigt. Leider ist die Reparatur des Vergasers eine äußerst knifflige Angelegenheit, die Sie am besten einem Experten überlassen.

Luftfilter und Vergaser
Zündkerze
Treibstoffbehälter
Schneidmesser

Test 3: Der Luftfilter

Grundsätzlich sollte der Filter alle zwei Jahre gewechselt werden. Wo er angebracht ist, hängt vom
Mähertyp ab, aber meistens führt der Schlauch vom
Tank in den Vergaser – der Filter sollte neben dem
Vergaser angebracht sein, aber lesen Sie im Zweifelsfall in der Bedienungsanleitung Ihres Rasenmähers
nach. Nehmen Sie den Filter heraus, und halten Sie
ihn gegen das Licht. Wenn er kein Licht mehr durch-
lässt, muss er gereinigt werden. Warmes Seifenwasser sollte genügen – den Filter einfach abwaschen,
Öl- und Schmutzrückstände entfernen, Filter trocknen lassen und wieder einsetzen. Sieht der Filter abgenutzt oder beschädigt aus, kaufen Sie einen passenden Ersatzfilter und setzen ihn ins Gerät ein.

Test 4: Die Zündkerze

Ohne eine funktionierende Zündkerze startet der Motor nicht, aber zum Glück können Sie dieses Teil für
wenig Geld ersetzen. Im Allgemeinen sitzt die Zündkerze an der Vorderseite des Mähers, unter dem Zündkerzendraht (aber schauen Sie im Zweifelsfall lieber
in der Bedienungsanleitung nach). Wenn Sie den
Draht abwickeln, sehen Sie die Zündkerze heraus-
ragen. Sie lässt sich mit einem Zündkerzenschlüssel
lösen, sodass Sie sie mit der Hand herausschrauben
können. Man kann Sie mit einer Drahtbürste reinigen, aber schneller und einfacher geht es, wenn Sie
gleich eine neue einsetzen. Dann haben Sie die Ge-

wissheit, dass der Rasenmäher wieder für längere Zeit einwandfrei funktioniert.

Test 5: Die Schneidmesser

Nasses Gras kann die Unterseite des Mähers blockieren, sodass sich die Messer nicht mehr drehen. Und wenn die Messer sich nicht mehr drehen, springt oft auch der Motor nicht an. Entfernen Sie deshalb mit der Hand (Handschuhe tragen!) etwaige Blockaden – natürlich erst, wenn Sie den Stecker gezogen oder den Zündkerzendraht entfernt haben (mehr dazu siehe Test 4), damit es keinen fürchterlichen Unfall gibt und Sie Ihre Hände verlieren.

Test 6: Wieder die Schneidmesser...

Wenn Sie beim letzten Mäheinsatz über einen Stein gefahren sind oder den Igel um ein paar Stacheln kürzer gemacht haben, könnte es sein, dass sich dadurch die Schneidmesser verbogen haben. In diesem Fall sollte der Mäher zwar noch anspringen, aber er wird stottern, prusten und vibrieren, denn ein verbogenes Schneidmesser dreht sich nicht mehr so, wie es sollte. Die meisten Schneidmesser können Sie austauschen, vorausgesetzt, Sie zeigen dem Verkäufer im Laden ein Muster, wenn Sie Ersatz kaufen. Danach befolgen Sie lediglich vier einfache Schritte.

Schritt 1: Stellen Sie den Rasenmäher aus, und lassen Sie ihn abkühlen. Ziehen Sie den Stecker oder nehmen Sie den Zündkerzendraht heraus, um dem Mäher endgültig den Saft abzudrehen.

Schritt 2: Falls möglich, nehmen Sie das Mähwerk mit der Hand heraus und verschaffen sich auf diese Weise Zugang zum Klingenfach (siehe Bedienungsanleitung). Damit Ihre Hose keine Flecken abbekommt, leeren Sie zuerst den Tank, bevor Sie das Gerät auf den Kopf stellen.

Schritt 3: Ziehen Sie dicke Handschuhe an, und entfernen Sie Gras- und Schmutzrückstände von der Mäherunterseite. Lösen Sie dann mit dem richtigen Schlüssel die Mutter, mit der das Schneidmesser befestigt ist. Anschließend können Sie es vorsichtig von der Spindel nehmen.

Schritt 4: Legen Sie das alte Schneidmesser beiseite, damit es Ihnen nicht gefährlich werden kann, schieben Sie das neue Messer auf die Spindel (achten Sie darauf, dass es symmetrisch sitzt), setzen Sie die Mutter an ihren Platz, und ziehen Sie sie fest.

So flicken Sie einen gesprungenen Blumentopf

Jeder Hobbygärtner kann Ihnen sagen, dass schlechtes Wetter und Kälteperioden den Pflanzenkübeln sehr schnell zusetzen, besonders wenn es sich um empfindliche Terrakottakübel handelt. Sie sollten alle empfindlichen Töpfe und Kübel bei Kälteeinbruch drinnen aufbewahren, aber vermutlich ist es für diesen guten Ratschlag schon zu spät, denn sonst würden Sie diesen Eintrag gar nicht lesen. Im Folgenden deshalb ein Vorschlag, wie Sie gesprungene Töpfe ausbessern, bevor sie vollständig entzweigehen.

Kleine Töpfe

Schritt 1: Entfernen Sie jeglichen Schmutz vom Topf, und vergewissern Sie sich, dass der Sprung ganz trocken ist, bevor Sie eine Tube Silikonkitt zur Hand nehmen.

Schritt 2: Ziehen Sie den Sprung mit der Hand vorsichtig auseinander, gerade so weit, dass Sie ihn der Länge nach mit Silikonkitt auffüllen können.

Schritt 3: Schließen Sie den Sprung wieder, binden Sie dann ein Seil oder eine dicke Kordel um den Topf, um den Spalt zu fixieren. Oder drücken Sie ringsherum fest Sand an, der den Topf zusammenhält.

Schritt 4: Lassen Sie alles stehen, bis der Kitt komplett getrocknet ist (das kann mehrere Stunden dauern), am besten über Nacht. Entfernen Sie dann das Seil/die Kordel oder den Sand, und schleifen Sie Kittrückstände ordentlich ab.

Große Töpfe

Auch hier müssen Sie den Sprung wie oben beschrieben mit Silikonkitt auffüllen, aber danach wickeln Sie rostbeständigen Draht oben und unten um den Topf. Das verleiht ihm mehr Stabilität. Das funktioniert so:

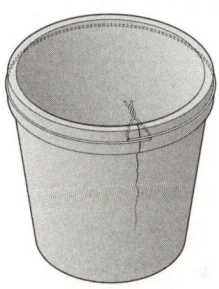

Schritt 1: Bohren Sie im Abstand von circa einem Zentimeter rechts und links vom Sprung ein winzig kleines Loch in den Topf, bei einem langen Sprung weiter unten eventuell noch mehr Löcher, ebenfalls auf beiden Seiten.

Schritt 2: Schneiden Sie den Draht auf die erforderliche Länge zu (das heißt so lang, dass er etwas mehr als einmal um den Topf herum passt), fädeln Sie ein

Ende durch eines der Bohrlöcher, und verdrehen Sie es fest mit einer Zange auf der Topfinnenseite.

Schritt 3: Führen Sie nun das andere Ende des Drahtes über den Sprung hinweg einmal um den Topf herum und fädeln Sie den Draht in das andere Loch ein. Drehen Sie beide Enden mit der Zange zusammen, bis sich der Sprung schließt. Sherlock Holmes würde vielleicht auf den ersten Blick sehen, dass der Topf nur von einem Stück Draht zusammengehalten wird, aber den meisten Leuten wird das gar nicht auffallen.

So setzen Sie einen zerbrochenen Pflanzenkübel wieder zusammen

Wenn man einen Sprung im Topf ignoriert, wird daraus oft ein Riss, und der ist viel, viel schwieriger zu reparieren. Lesen Sie auf Seite 214 f., wie man einen Sprung kittet und Risse gar nicht erst entstehen lässt, aber wenn es dafür bereits zu spät und der Topf kaputtgegangen ist, können Sie ihn mit folgender Methode reparieren – vorausgesetzt, Sie haben noch alle Einzelteile.

Schritt 1: Säubern Sie die Einzelteile mit einer Bürste, und vergewissern Sie sich, dass alle Kanten sauber und trocken sind.

Anmerkung: Falls der Kübel in tausend winzige Stücke zerbrochen ist, überlegen Sie sich, ob es sich wirklich lohnt, ihn mühsam wieder zusammenzusetzen. Falls ja, sollten Sie sich wirklich ein Hobby zulegen. Da Kübel kalte Witterung gar nicht mögen (vor allem, wenn sie schon einmal repariert wurden), bewahren Sie sie in den Wintermonaten oder in allen unvorhergesehenen Kälteperioden drinnen auf.

Schritt 2: Kleben Sie die Einzelteile mit einem farblich passenden, wasserfesten Zweikomponenten-Epoxidharz wieder zusammen. Entfernen Sie Harzrückstände von der Außenseite des Kübels, damit er nett anzuschauen und vorzeigbar ist.

Schritt 3: Fixieren Sie die Verbindungsstellen mit Klebeband, das Sie oben, in der Mitte und unten um den Topf herumwickeln, und lassen Sie das Ganze über Nacht trocknen. Alternativ können Sie den Kübel aber auch in einen Behälter stellen und ringsherum fest Sand andrücken, damit er den erforderlichen Druck bekommt, bis der Kleber getrocknet ist.

Schritt 4: Am nächsten Morgen entfernen Sie das Klebeband oder den Sand und kratzen angetrocknete Kleberreste vorsichtig mit einer Rasierklinge ab. Füllen Sie den Kübel wieder mit Erde und Pflanzen – er dürfte nun wie neu aussehen.

So reparieren Sie einen zerschlissenen Gartenschirm

Gartenschirme sind mit dünnem Leinen oder Kunststoff bespannt und geradezu prädestiniert für Ärger. Oft reißen sie schon, wenn eine heftige Windbö hineinfährt oder ein betrunkener Faxenmacher bei einem geselligen Anlass dagegenfällt. Wie auch immer der Riss entstanden ist, er muss geflickt werden.

Ist der Riss einigermaßen sauber (Sie haben zwei Stoffteile in der Hand), besorgen Sie sich einfach ein paar Meter Bügelband im Baumarkt, im Kurzwarengeschäft oder in einem dieser riesigen Supermärkte, die alle guten Baumärkte und Kurzwarengeschäfte geschluckt haben. Legen Sie die Stelle mit dem Riss flach hin und schneiden Sie das Bügelband auf die passende Größe zu. Legen Sie es von unten auf den Riss, und bügeln Sie es dann auf. Einfacher geht es wirklich nicht!

So flicken Sie einen löchrigen Gartenschlauch

Ein Loch an beiden Enden Ihres Gartenschlauchs ist kein Grund zur Sorge, sondern ganz normal – diese Löcher müssen sein, damit Sie mit dem Schlauch Ihren Garten bewässern können. Problematisch wird es erst dann, wenn an anderen Stellen Löcher – und

Risse – entstehen, durch die Wasser austritt. Meistens liegt das daran, dass man einen billigen Schlauch ohne schützende Innenbeschichtung gekauft hat. Manch einer wird sagen, man hätte sich den Ärger mit seinem Geiz selbst eingebrockt. Aber ich will nicht urteilen, sondern Ihnen lieber ein paar Tipps geben, wie Sie Abhilfe schaffen können.

Tipp 1: Handeln Sie sofort beim leisesten Hinweis auf kleine Risse oder Löcher, damit daraus keine großen Risse und Löcher werden, die schwieriger zu reparieren sind.

Tipp 2: Ein Fahrradschlauch-Flickset hilft bei den meisten kleinen Löchern weiter. Lesen Sie dazu die Anleitungen auf der Packung oder auf Seite 241 f. sehr genau.

Tipp 3: Einen Riss können Sie mit schwarzem Plastikband abdichten, es muss allerdings wasserfest sein. Überkleben Sie damit das Loch und sicherheitshalber auch noch zwei bis fünf Zentimeter rechts und links der schadhaften Stelle (der Schlauch muss dafür trocken sein).

Tipp 4: Stattdessen können Sie das störende Loch auch richtig trocknen lassen, dann mit Rubber Cement (einem Produkt auf Naturkautschukbasis) bestreichen und vor dem nächsten Gebrauch antrocknen lassen. Nehmen Sie aber nicht so viel davon, dass die Masse in den Schlauch gelangt und ihn innen blockiert – der Grund dürfte einleuchten.

Tipp 5: Egal, wie Sie den Schlauch reparieren, tun Sie es nur an einem heißen Sonnentag, wenn er Zeit hatte, sich aufzuwärmen und auszudehnen. Dann ist er biegsamer, und die lästige Arbeit wird leichter. Wenn keine Sonne scheint, halten Sie den Schlauch ein paar Minuten unter heißes Wasser – damit erzielen Sie denselben Effekt.

TEIL 8

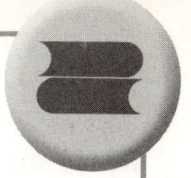

SPORT UND FREIZEIT

Sport tut gut, das ist erwiesen. Er lässt Sie schnaufen und prusten, rötet Ihre Wangen und verhilft Ihnen zu einem längeren Leben. Aber was ist, wenn Ihr Fahrrad Mucken macht, Ihre Rollerblades kaputt sind und sich das Griffband an Ihrem Tennisschläger gelöst hat? Natürlich könnten Sie sich einfach anderen Freizeitbeschäftigungen zuwenden, etwa Angeln oder Lesen. Falls jedoch auch Ihre Angelrute hinüber ist und Ihr Lieblingsbuch bereits auseinanderfällt, sollten Sie im Folgenden nachlesen, wie Sie all diese Dinge selbst reparieren können – sonst verbringen Sie Ihre Freizeit nur noch mit Fluchen, und bekommen aus völlig falschen Gründen einen hochroten Kopf.

So reparieren Sie Bücher

Die meisten Bücher lassen sich ganz einfach reparieren. Sie brauchen dazu lediglich eine Flasche pH-neutralen Kleber (den gibt es in allen guten Baumärkten) oder besser noch Buchbindeleim (aus dem Bastelgeschäft), ein scharfes Messer und eine ruhige Hand. Die meisten herkömmlichen Buchreparaturen sind nachfolgend aufgeführt.

Lose Seiten wieder einfügen

Schritt 1: Nehmen Sie die betreffende Seite vorsichtig heraus und bestreichen Sie die dem Buchrücken zugewandte, innere Kante der Länge nach *sehr dünn* mit pH-neutralem Kleber. Dieser Kleber zieht sich beim Trocknen nicht zusammen und reißt nicht. Außerdem bekommt er keinen unansehnlichen Gelbstich.

Schritt 2: Schlagen Sie das Buch dort auf, wo die Seite eingeklebt werden soll, und beschweren Sie eine Hälfte des Buchs, damit es nicht verrutscht. Legen Sie dann die einzusetzende Seite mit der Außenkante so an, dass sie bündig mit den folgenden Seiten abschließt. Halten Sie die Seite mit einer Hand fest, und streichen Sie mit einem Lineal (oder einem ähnlichen Gegenstand mit gerader Kante) von der Außenkante des Blattes nach innen zur Buchmitte. Mit dem Lineal können Sie die Blattkante exakter zurechtschieben.

Schritt 3: Klappen Sie das Buch zu, legen Sie einen schweren Gegenstand darauf, der die Seite nach unten drückt, und lassen Sie den Kleber fest trocknen. Überprüfen Sie anschließend, ob die eingefügte Seite bündig mit den anderen abschließt. Wenn sie deutlich übersteht, schneiden Sie Überstehendes zum Schluss mit der Schere oder einem scharfen Teppichmesser ab.

So reparieren Sie eine eingerissene Seite

Legen Sie ein Stück altes Papier unter die beschädigte Seite zum Schutz der darunter liegenden Seite. Heben Sie das eingerissene Blatt an einer Seite an, und tragen Sie eine Schicht pH-neutralen Kleber an der Innenkante und dann eine zweite Schicht an der gegenüberliegenden Kante des Risses auf. Tragen Sie den Kleber nicht zu dick auf, sonst verschmiert er die Buchseite und hinterlässt einen unansehnlichen Fleck.

Schieben Sie beide Kanten zusammen, sodass sie flach auf dem Schutzpapier liegen, und wischen Sie herausquellende Kleberreste ab. Saugen Sie zum Schutz der vorhergehenden Seite überschüssigen Kleber mit Löschpapier auf, klappen Sie das Buch zu, beschweren Sie es, und lassen Sie das Ganze trocknen. Entfernen Sie anschließend das eingelegte Schutzpapier und fertig!

So befestigen Sie einen losen Buchdeckel

Es gibt viele komplizierte Möglichkeiten, um lose Buchdeckel zu reparieren, und eine ganz einfache Lösung. Weil das Leben zu kurz ist für komplizierten Unsinn, konzentrieren wir uns auf die einfache Lösung. Sie kommt für Bücher infrage, bei denen der Deckel direkt auf den Buchrücken geklebt ist (Taschenbücher). Ist bei einem solchen Buch der Kleber ausgetrocknet und hat sich gelöst, gehen Sie wie folgt vor:

Schritt 1: Entfernen Sie alten Kleber vom Buchrücken am Buchblock, verteilen Sie pH-neutralen Kleber oder Buchbindeleim darauf und lassen Sie ihn anziehen (das dauert ungefähr fünf Minuten). In der Zwischenzeit tragen Sie auch auf der Innenseite des Buchdeckels am Buchrücken Kleber auf.

Schritt 2: Drücken Sie den Buchdeckel wieder passgenau an den Rücken (geklebte Kante auf klebrige Kante), und streichen Sie beides schön fest. Legen Sie über Nacht ein schweres Gewicht auf das Buch, damit der Kleber besser hält, und am nächsten Morgen sieht das Buch so gut wie neu aus.

So reparieren Sie den beschädigten Rücken eines gebundenen Buches

Schritt 1: Hat sich der Buchdeckel gelöst und flattert ohne Seiten herum, schneiden Sie ein Stück durchlässigen Stoff (Gaze) zurecht, das so lang ist, dass es den Buchrücken auf der gesamten Länge bedeckt, und geben rechts und links jeweils noch einen Zentimeter zu.

Schnelle Rückenreparatur

Wenn der Buchrücken sich gelöst hat, aber noch lose an den beiden Falzen hängt, genügt es wahrscheinlich, ihn wieder anzukleben. Das Knifflige dabei ist, den Klebstoff in die Falze zu bekommen. Aber mit einer in Kleber getauchten Stricknadel funktioniert es. Fahren Sie mit der Nadel innen an den Falzen entlang. Wenn Sie genug Kleber aufgetragen haben, schieben Sie den Rücken wieder auf den Buchblock und drücken ihn fest, bis der Kleber »anzieht«. Legen Sie das Buch unter einen schweren Gegenstand, bis der Kleber getrocknet ist und der Buchrücken wieder richtig fest sitzt.

Anmerkung: Alle anderen Reparaturen – oder Reparaturen an einem besonders kostbaren, antiken Buch – sollten Sie von einem Fachmann durchführen lassen und ihn bitten, vorsichtig zu sein.

Schritt 2: Bestreichen Sie den Stoff auf einer Seite mit Buchbindeleim, und legen Sie ihn ordentlich auf den Buchrücken des Buchblocks. Auf beiden Seiten des

Buchrückens sollte je ein Zentimeter Stoff überstehen (ein Teil auf der Innenseite des vorderen Buchdeckels und die andere auf der Innenseite des hinteren Buchdeckels). Drücken Sie den überstehenden Stoff fest an die Buchdeckel, sodass der Leim den Stoff durchdringt und am Buchdeckel haftet. Entfernen Sie Leimrückstände von Deckel, Buchrücken und Seiten.

Schritt 3: Achten Sie darauf, dass Buchrücken und Kanten gerade aneinanderliegen. Legen Sie das Buch dann unter einen oder mehrere schwere Wälzer, und lassen Sie es über Nacht trocknen.

So machen Sie eine Angelrute wieder gebrauchsfähig

Die meisten Angelruten sind so robust gebaut, dass Sie mit einem knurrenden Riesenfisch kämpfen können, andererseits sind sie so empfindlich, dass sie splittern und abbrechen, wenn sie beim Auswerfen versehentlich irgendwo anders auftreffen als im Wasser. Untersuchungen zeigen, dass bei Angelruten gewöhnlich der kleine, O-förmige Ring am Ende als Erstes den Geist aufgibt – der sogenannte Führungsring. Zum Glück ist ein zerbrochener Führungsring ganz leicht mit einer Kombination aus Hitze, etwas Kleber und einem Ersatzring zu reparieren, den Sie in Ihren Gummischuhen oder irgendwo in Ihrer Anglerbekleidung aufbewahren. Wenn Sie all diese Teile beisammenhaben, können Sie sich gleich an die Reparatur machen.

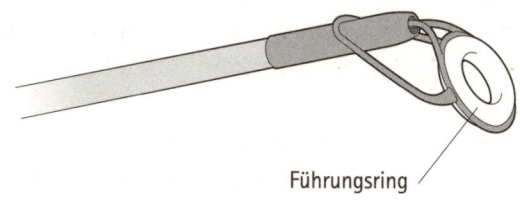

Führungsring

Schritt 1: Halten Sie ein Feuerzeug mit ungefähr zweieinhalb Zentimeter Abstand an die Spitze des Stiels, wo der Führungsring an der Rute befestigt ist, und erhitzen Sie diesen langsam. Kommen Sie mit der Flamme nicht zu nah, und überhitzen Sie ihn nicht, sonst schmilzt die Rute, und das lässt sich nicht mehr rückgängig machen. Ihr Ziel ist es, ganz vorsichtig den Kleber, mit dem der Ring befestigt ist, zu erhitzen und zu lösen, dann mit einer kleinen Zange oder, falls Sie keine Zange zur Hand haben, mit der behandschuhten Hand (damit Sie sich nicht verbrennen) am Ring zu ziehen. Mit der richtigen Hitzedosis sollte er langsam wegrutschen.

Schritt 2: Erhitzen Sie mit dem Feuerzeug einen Heißklebestift. Verteilen Sie den Kleber großzügig auf der Spitze der Angelrute, und schieben Sie den Ersatzring so hinein, dass er gut in die Angelführung hineinpasst. Lassen Sie ihn anhaften, was einige Minuten dauern kann, und werfen Sie die Angel dann wieder aus, aber passen Sie diesmal besser auf.

So machen Sie einem lahmen Skateboard oder Rollerblades Beine

Wenn Sie das Gefühl haben, die Räder Ihres Skateboards oder Ihrer Rollerblades wären langsam oder würden nicht mehr richtig rollen, sodass Sie die Strecke zu Fuß schneller zurücklegen könnten, dann haben Sie ziemlich sicher ein Problem mit den Kugellagern. Diese kleinen Dinger befinden sich in den Rädern und lagern sie auf der Radachse, aber mit der Zeit sammelt sich dort Schmutz, der sie bremst. Dieser Schmutz muss entfernt und die Kugellager müssen geschmiert werden, damit sie wieder leicht laufen. Das geht so...

Anmerkung: Sie sollten insgesamt vier Räder an Ihrem Skateboard haben. Sind es weniger, ist das wahrscheinlich der Grund, weshalb Ihr Board so lahm ist.

Schritt 1: Entfernen Sie mit einem Schraubschlüssel die Mutter, mit der das Rad fixiert ist.

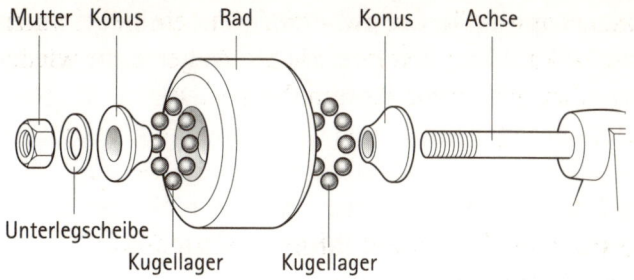

Mutter Konus   Rad   Konus   Achse

Unterlegscheibe

Kugellager   Kugellager

Schritt 2: Stemmen Sie mit der Spitze eines Schrau-
bendrehers vorsichtig die Kugellager auf beiden Seiten der Radmitte ab – sie sollten mühelos herausspringen. Zählen Sie die Kugeln, und bewahren Sie
sie sicher auf (es müssten zwei mal acht Kugeln sein).

Schritt 3: Legen Sie die Kugeln in ein Glas mit Reinigungsalkohol, rühren Sie das Ganze ordentlich
durch, und lassen Sie es zehn Minuten einweichen.
Nehmen Sie die Kugeln heraus, trocknen Sie sie mit
einem Tuch ab, und entfernen Sie dabei hartnäckige
Schmutzreste.

Schritt 4: Ölen Sie die Kugeln mit ein wenig
Schmieröl – ein bis zwei Tropfen sind mehr als genug, aber es muss überall gleichmäßig verteilt werden.

Schritt 5: Um die Räder wieder an der Achse zu befestigen, stecken Sie erst beide Kugellager mit den

Kugeln darin wieder auf den Schaft, schieben dann das Rad darüber, bis es einrastet und sich die Kugellager wieder in der Mitte befinden. Drehen Sie jedes Rad, um sicherzugehen, dass es rund läuft, und befestigen Sie dann die Mutter. Ziehen Sie sie aber nicht zu fest an, sonst kann das Rad sich nicht frei drehen und Sie fallen womöglich auf die Nase.

Schritt 6: Sie sind nun fertig und können sich auf einer rasanten Fahrt so richtig austoben, wenn Sie wollen.

So ersetzen Sie die Spitze eines Billardqueues

Die Hersteller von Billardqueues raten dringend dazu, die beschädigte oder abgenutzte Spitze des Queues durch einen Fachmann ersetzen zu lassen. Sie verschweigen allerdings, dass jeder mit etwas Grips durchaus selbst imstande ist, die Spitze fachmännisch auszutauschen. Und das geht so:

Schritt 1: Kaufen Sie eine neue Spitze in einem ordentlichen Sportgeschäft, und zwar eine, die etwas breiter ist als die »Ferrule«, so nennt man das Ende des Queues. Dort werden Sie die Spitze anbringen und sie passend zurechtstutzen.

Schritt 2: Entfernen Sie Reste der alten oder beschädigten Spitze vorsichtig mit einer Rasierklinge, schleifen Sie die Ferrule dann mit grobem Sandpapier ab, sodass die Oberfläche rau, aber eben wird, und geben Sie ein bisschen Kleber darauf. Schleifen Sie nun die Unterseite der neuen Queuespitze, bis sie genauso rau ist wie die Ferrule.

Schritt 3: Geben Sie Kleber auf beide Teile, und drücken Sie sie zusammen. Achten Sie dabei darauf, dass die Spitze möglichst mittig sitzt. Halten Sie sie ein, zwei Minuten in dieser Position fest, bis der Kleber anzieht, und lassen Sie das Ganze über Nacht richtig antrocknen.

Schritt 4: Am nächsten Morgen – oder sobald Sie die Zeit erübrigen können – schneiden Sie mit einem Teppichmesser von der Spitze alles ab, was übersteht, und schleifen sie mit Sandpapier professionell zurecht. Sie sind am Stoß, also spielen Sie weiter!

So erneuern Sie das Griffband eines Tennis- oder Badmintonschlägers

Mit einem Tennisschläger, bei dem das Griffband zerrissen oder zerfetzt ist, können Sie im fünften Satz eines zähen Spiels nicht mehr punkten. Ihre Handflächen sind verschwitzt, Ihre Nerven gespannt wie Drahtseile, und Ihr Ruf im heimatlichen Tennisklub steht auf dem Spiel. So weit sollte es niemals kommen – nicht, wenn Sie Ihren Schläger pflegen.

Wie der Name schon sagt, soll ein Griffband für einen guten, festen Griff sorgen. Ist es ausgefranst oder beschädigt, muss es ersetzt werden. Entweder nehmen Sie das alte Griffband herunter und fangen bei null an, oder Sie kleben ein sogenanntes Übergriffband über das alte Band. Das ist eindeutig die einfachere der beiden Varianten, und deshalb wird sie hier empfohlen:

Schritt 1: Kaufen Sie ein Ersatzband – das bekommen Sie in jedem halbwegs vernünftigen Sportgeschäft. Ziehen Sie die Schutzfolie auf der Rückseite ab und wickeln Sie die Klebeseite des Bandes einmal straff um den unteren Griffteil, damit es gut hält.

Schritt 2: Halten Sie das Band nun leicht schräg nach oben, und wickeln Sie es spiralförmig um den Griff, sodass es bei jeder Umrundung die vorausgehende Lage ungefähr sechs Millimeter überlappt. Umwickeln Sie auf diese Weise den ganzen Griff, und zwar möglichst ordentlich, ohne unansehnliche Falten oder Luftblasen.

Schritt 3: Wenn Sie am oberen Griffende angelangt sind, kleben Sie zur Sicherheit und zum besseren Halt

Isolierband über die letzte Lage – jetzt sollten Sie den Schläger wieder gut im Griff haben.

So erneuern Sie den Griff eines Golfschlägers

Wenn der alte Gummigriff an Ihrem Golfschläger allmählich ausfranst und sich löst, gehen Ihnen die Bälle durch. Am besten reißen Sie den alten Griff herunter und erneuern ihn komplett. Das ist ganz einfach, es sei denn, Sie können nicht mit einem scharfen Messer umgehen.

Schritt 1: Nehmen Sie ein Teppichmesser mit einer Hakenklinge (eine normale Klinge, aber eben mit einem Haken) und reißen Sie den alten Gummigriff herunter. Tragen Sie dabei dicke Handschuhe, damit Ihre Hände heil bleiben. Ein besonders alter und poröser Gummigriff kann dabei leicht brechen und ist dann mühsamer zu entfernen.

Schritt 2: Verreiben Sie mit dem Daumen (immer noch in Handschuhen!) ein leicht verdunstendes Lösungsmittel, etwa Terpentinersatz, auf dem Schaft, um alte Klebebandreste zu entfernen – es könnte eine Weile dauern, bis Sie wirklich jeden Fetzen abgerissen haben, aber Sie sollten hier sehr sorgfältig arbeiten, sonst sitzt das neue Band nachher uneben.

Schritt 3: Kleben Sie jetzt doppelseitiges Klebeband um den nun sauberen Schaft.

Schritt 4: Spannen Sie den Schaft (aber nicht am Griffteil) so in einen Schraubstock ein, dass die Schlägerspitze nach oben zeigt. Umwickeln Sie ihn vorher zum Schutz mit einem Handtuch, oder verwenden Sie eine Gummischraubzwinge, falls Sie über eine so beeindruckende Heimwerkerausrüstung verfügen. Nehmen Sie nun den neuen Gummigriff, der lang und hohl ist und unten ein Loch hat (aus dem das Lösungsmittel herausfließen wird, das Sie als Nächstes in den neuen Schaft gießen, um ihn zu schmieren). Sie müssen das kleine Loch mit dem Finger zuhalten und eine ordentliche Menge Terpentinersatz in den Griff gießen. Lassen Sie den Finger auf dem Loch, sonst fließt der Terpentinersatz heraus. Schwenken Sie den Griff hin und her, damit sich die Flüssigkeit an der Innenseite überall verteilen kann.

Schritt 5: Gießen Sie jetzt noch etwas Lösungsmittel auf das doppelseitige Klebeband, damit es rutschig wird und der Klebstoff im Band freigesetzt wird. Stecken Sie dann den neuen Griff auf den Schaft und richten Sie ihn gerade aus.

Schritt 6: Schneiden Sie überstehendes Klebeband mit einem Teppichmesser ab, und wischen Sie abschließend alles mit Terpentinersatz sauber. Lassen Sie das

Ganze mindestens eine halbe Stunde trocknen, bevor Sie den nächsten Abschlag in Angriff nehmen.

So justieren Sie Fahrradbremsen: Teil 1

Sie strampeln gerade gemütlich vor sich hin und träumen vielleicht von der Beförderung, auf die Sie so erpicht sind, als plötzlich eine rote Ampel vor Ihnen auftaucht. Kein Problem, denken Sie, und bremsen rechtzeitig. Aber... oje... die Bremsen funktionieren nicht, und gleich werden Sie unter dem Bus vor Ihnen landen!

Ich nehme an, dass Sie so etwas vermeiden wollen, und deshalb müssen Sie vor dem nächsten Ausritt die Bremsen Ihres Drahtesels überprüfen. Wenn Fahrradbremsen versagen, hat das meistens zwei Gründe: Entweder sind die Bremsklötze abgenutzt und damit zu weit von der Felgenflanke entfernt; dann hat die Bremse Spiel und reagiert nicht. Oder die Bremsklötze liegen zu dicht an der Felge, sodass sie schleifen. Falls Ersteres zutrifft, lesen Sie weiter...

Schritt 1: Testen Sie als Erstes die Bremse, indem Sie vorsichtig am Hebel ziehen. Er sollte sich um ein Viertel bis zur Hälfte zum Lenkergriff bewegen. Lässt er sich weiter zurückziehen, dann sind die Bremsblöcke (oder Bremsgummis) abgenutzt oder nicht richtig montiert und deshalb zu weit von der Felge entfernt. (Lesen Sie auf Seite 239 f., wie man hoffnungslos abgefahrene Bremsklötze ersetzt.)

Bremskabel

Hinterrad-
bremse

Vorderrad-
bremse

Schritt 2: Um die Bremsklötze mit der Hand zu justieren, drehen Sie an dem Einstellrad (das ist ein winziges, zylinderförmiges Teil, das normalerweise da sitzt, wo das Bremskabel auf den Bremsbügel trifft). Wenn Sie es einmal kurz gegen den Uhrzeigersinn drehen, strafft sich das Kabel und die Bremsbügel befinden sich wieder näher am Rad.

Schritt 3: Testen Sie die Bremsen noch einmal, und wenn Sie den Bremshebel immer noch zu weit zu sich heranziehen können, lösen Sie mit einem Schraubenschlüssel die Mutter am Bremsbügel, die das Kabel fixiert. Halten Sie es fest und ziehen Sie daran, bis der Bremsbügel (und die Bremsklötze) sich mehr zur Felge hin bewegen – die Klötze sollten dicht an der Felge sitzen, *diese aber nicht berühren.* Stellen Sie die Bremse außerdem so ein, dass die Bremsklötze nur mit der Felge, aber niemals mit dem Reifen in Kontakt kommen. Sobald sie richtig angebracht sind, ziehen Sie die Mutter fest, um das Kabel zu fixieren.

Schritt 4: Testen Sie den Bremshebel noch einmal. Jetzt sollte er in etwa stimmen. Wenn nicht, drehen Sie einfach noch ein wenig an dem Einstellrad.

Schritt 5: Machen Sie bei der anderen Bremse genau dasselbe, denn zwei funktionierende Bremsen sollte ein Fahrrad schon haben. Und erst, wenn beide wieder funktionieren, können Sie die Reparatur als beendet und Ihre Bremsen wieder als straßentauglich betrachten.

Warnung!

Falls Sie auch nur den geringsten Zweifel an der Funktionstüchtigkeit der Bremsen haben oder wenn das Bremskabel defekt oder beschädigt aussieht, lassen Sie beides im nächsten Fahrradgeschäft reparieren.

So justieren Sie Fahrradbremsen: Teil 2

Bremsklötze, die zu dicht an der Felge sitzen, behindern die freie Drehung des Rads, und wenn Sie Pech haben, fliegen Sie beim Bremsen über die Lenkstange. Das kann sehr wehtun, daher...

Schritt 1: Heben Sie das Rad an, und drehen Sie es mit der Hand. Wenn die Klötze an der Felge schleifen, sind sie zu dicht angebracht und müssen gelockert werden.

Schritt 2: Suchen Sie die Einstellschraube, die sich auf beiden Seiten des Bremsbügels gleich bei der Felge befindet. Drehen Sie mit einem Inbusschlüssel so lange an einer dieser Schrauben, bis sich die Bremsklötze von der Felge wegbewegen. Prüfen Sie dann, ob sich das Rad besser drehen lässt.

Schritt 3: Falls die Bremsen immer noch zu nah an der Felge sind, lösen Sie die Mutter, mit der das Bremskabel fixiert ist, und dann das Kabel selbst, bis sich die Bremsklötze nach außen und von der Felge wegbewegen. Wenn Sie mit der Position der Klötze zufrieden sind, ziehen Sie die Mutter wieder an, damit sie nicht verrutschen. Drehen Sie das Rad zur Sicherheit noch einmal.

So tauschen Sie abgefahrene Bremsklötze aus

Völlig abgefahrene Bremsklötze führen dazu, dass Sie auf einer rasanten Fahrt plötzlich nur noch »Ohmein-Gottichwillnichtsterbenaaaah« rufen – wenn Sie näm-lich merken, dass Sie nicht mehr anhalten können. Beim Bremsen schleifen jedes Mal die Bremsgummis an der Felge. Dadurch nutzen sie sich ab, und ihre Wirkung lässt mit der Zeit nach. Zum Glück befin-det sich auf den meisten mit einem Bolzen befestig-ten Bremsklötzen sinnvollerweise ein kleiner »Ab-nutzungsstrich«, der Auskunft darüber gibt, wann die Sache gefährlich wird. Wenn die Bremsklötze bis zu diesem Strich (oder nur einseitig) abgefahren sind, müssen Sie sie ersetzen.

Schritt 1: Nehmen Sie sich immer nur einen Brems-klotz vor, damit Sie beim anderen nachschauen kön-nen, wie er montiert ist. Lockern Sie die Haltemutter mit einem Schraubschlüssel, und nehmen Sie sie ab. Ziehen Sie den abgenutzten Bremsgummi heraus und setzen Sie einen neuen ein. Das ist der einfache Teil der Reparatur.

Schritt 2: Bringen Sie den Bremsklotz so an wie den gegenüberliegenden. Wenn Sie die Bremse anziehen, sollten beide Bremsklötze die Felgenflanke gleich-zeitig berühren. Der Bremsklotz sollte beim Bremsen immer auf der ganzen Länge auf die Felge drücken.

Diese darf dabei oben nur zwei Millimeter heraus-schauen. Bewegt sich der Klotz nur schwer, hilft es, alle Teile des Bremsbügelmechanismus etwas zu schmieren (aber keinesfalls den Bremsgummi).

Schritt 3: Um das Quietschen sowie Schäden an der Felge zu verringern, müssen Sie darauf achten, dass der Bremsklotz so angebracht ist, dass er immer zu-erst mit dem vorderen Teil auf die Felge trifft. Zwi-schen vorderem und hinterem Teil des Klotzes muss ein Spalt von ungefähr fünf Millimetern sein.

Schritt 4: Wenn die Position stimmt, befestigen Sie die Haltemutter wieder. Vergewissern Sie sich, dass der Bremsklotz dabei nicht verrutscht, und nehmen Sie sich dann die andere Seite vor. Dann kommt das zweite Rad dran, und danach ist es geschafft.

So flicken Sie einen kaputten Fahrradschlauch

Sie können natürlich immer einem alten Mann einen Zehn-Euro-Schein in die Hand drücken, damit er Ihnen den Schlauch flickt, aber das wäre zum Fenster he-rausgeworfenes Geld, denn wenn Sie Fahrradflick-zeug haben, ist der Rest idiotensicher.

Schritt 1: Stellen Sie das Fahrrad auf den Kopf und montieren Sie das Rad ab (benutzen Sie dazu den Schnellspanner oder schrauben Sie die Achsmuttern ab). Nehmen Sie den Reifen mithilfe eines Schraubenschlüssels (nicht mit den Händen, sonst brauchen Sie den ganzen Tag dafür) und eines Reifenmontierhebels (den gibt es im Fahrradgeschäft) von der Felge ab – Abschnitt für Abschnitt, bis Reifenmantel und Schlauch herunter sind.

Schritt 2: Fühlen Sie an der Reifeninnenseite nach, wie das Loch entstanden sein könnte: durch einen Nagel, einen Dorn, einen spitzen Stein oder Ähnliches. Entfernen Sie den Gegenstand, betrachten Sie ihn sorgfältig (das gehört einfach dazu), und werfen Sie ihn dann weg.

Schritt 3: Nehmen Sie den Schlauch aus dem Reifenmantel, und machen Sie das Loch ausfindig, indem Sie den Schlauch wieder aufpumpen. Halten Sie den aufgepumpten Schlauch unter Wasser und schauen Sie, ob Blasen aufsteigen – sie zeigen an, wo das Loch ist. Markieren Sie das Loch mit einem Kreidekreuz, und schaben Sie mit Schmirgelpapier darüber, bis die Kreuzmitte nicht mehr sichtbar ist. Die aufgeraute Oberfläche nimmt den Kleber besser an – der kommt aber erst in Schritt 4 zum Einsatz –, und selbst wenn die Kreuzmitte abgerieben ist, weisen die Kreuzschenkel immer noch auf das Loch.

Alternative für Notfälle

Stellen Sie sich einmal Folgendes vor: Der Reifen ist platt wie ein Pfannkuchen, und Sie haben kein Flickzeug dabei, um ihm wieder Leben einzuhauchen. Um das Rad nach Hause zu schieben, ist es viel zu weit. Aber keine Panik, alles wird gut, wenn Sie ein bisschen Gras finden können (ich meine natürlich Grashalme von einer Wiese).

Schritt 1: Nehmen Sie den platten Schlauch aus dem Reifen, wie oben beschrieben, und bringen Sie ihn irgendwo unter, zum Beispiel in Ihrer Tasche.

Schritt 2: Stopfen Sie den Radmantel vollständig mit Gras aus. Das dauert eine Weile, da das Gras auch noch gleichmäßig verteilt werden muss. Das Gras wirkt wie die Polsterfederung eines Schlauchs, der mit Luft gefüllt ist.

Schritt 3: Montieren Sie das Rad wieder, schütteln Sie den Kopf und fragen Sie sich, wie das bloß passieren konnte. Fahren Sie dann mit Ihrem Grasrad weiter – aber langsam, damit die Felge nicht beschädigt wird –, und reparieren Sie den Schlauch, wenn Sie wieder daheim sind.

Schritt 4: Verteilen Sie großzügig Kleber auf dem Loch und um das Loch herum, auf einer Fläche, die größer sein sollte als jene, auf die Sie gleich den Flicken kleben. Dieser sollte wiederum so groß sein, dass er das Loch völlig überdeckt. Wenn der Kleber etwas angetrocknet ist, geben Sie auf die Unterseite des Flickens noch etwas Kleber, legen den Flicken auf das Loch und drücken ihn ein paar Minuten fest an.

Schritt 5: Prüfen Sie anschließend, ob noch weitere spitze Gegenstände im Reifenmantel zurückgeblieben sind. Schließlich soll der Schlauch nicht gleich wieder ein Loch bekommen! Pumpen Sie ihn so weit auf, dass er etwas Form annimmt, und legen Sie ihn mit dem Ventil zuerst in die Felge ein. Das Ventil muss gerade sitzen, und der Schlauch darf dabei nicht geknickt oder verdreht sein.

Schritt 6: Montieren Sie den Reifenmantel nun mit der Hand wieder auf die Felge. Pumpen Sie den Schlauch noch mehr auf, um sicherzugehen, dass er nicht zwischen Felge und Mantel eingeklemmt ist. Montieren Sie dann das Rad, und pumpen Sie den Schlauch ganz auf. Setzen Sie sich aufs Fahrrad, und drehen Sie eine Testrunde!

So bessern Sie Kratzer am Auto aus

Vermutlich hat irgendjemand im Vorbeigehen mit seinem Schlüssel über Ihr Auto gekratzt oder war so ungeschickt, die Karosserie mit seinem Einkaufswagen zu rammen. Solche Leute haben eine gehörige Tracht Prügel verdient, finden Sie nicht?

In dieser Situation ist es aber nicht so wichtig, zu wissen, wie der Kratzer entstanden ist, sondern wie man ihn ohne große Umstände ausbessert – und das hängt davon ab, wie tief er ist.

Ein tiefer Kratzer kann zu Korrosion führen, denn er geht zuerst durch den Lack, dann durch die Grundierung und schließlich ins Metall. Wenn Sie sich den Kratzer ansehen und metallisches Grau am Grund sehen, schreien Sie: »Verflixt und zugenäht!« oder: »Scheibenkleister!«, und holen einen Fachmann, bevor das Metall korrodiert. Wenn Sie aber am Grund des Kratzers noch Farbe sehen, können Sie selbst etwas tun.

Schritt 1: Machen Sie die betroffene Stelle mit Seifenwasser gründlich sauber, und lassen Sie sie richtig trocknen. Verreiben Sie dann Schuhcreme in einer zum Lack kontrastierenden Farbe auf dem Kratzer. So ein Blödsinn, werden Sie vielleicht denken, aber gleich werden Sie verstehen, warum...

Schritt 2: Schleifen Sie den Kratzer mit einem Nass-Trocken-Schleifpapier (das gibt es in der Autowerkstatt) – meistens reicht ein 2000er-Korn aus. Tauchen Sie das Papier in kaltes Wasser, um seine Wirkung zu erhöhen, und schleifen Sie den Kratzer wirklich **sehr, sehr vorsichtig** ab. Schleifen Sie möglichst in eine Richtung, nicht hin und her, und mit leichten, kurzen Bewegungen. Sobald die Schuhcreme verschwunden ist, heißt das, dass Sie die tiefste Stelle des Kratzers erreicht haben (Sehen Sie, es war eben doch sinnvoll), und jetzt sollten Sie aufhören zu schleifen.

Schritt 3: Geben Sie flüssige Schleifpaste (fragen Sie im Autozubehörhandel danach, meistens wird dieses Produkt unter irgendeinem markigeren Namen verkauft) auf ein weiches, sauberes Tuch und polieren Sie die verbliebenen Schleifpapierkratzer mit kreisenden Bewegungen weg.

Schritt 4: Entfernen Sie zum Schluss mit einem neuen, weichen, sauberen Tuch Schleifpastenrückstände, tragen Sie dann eine schützende Schicht Autowachs auf, und das war es auch schon! Zumindest bis wieder irgendein Idiot den Lack an Ihrem Auto beschädigt (und das passiert garantiert).

So bringen Sie einen defekten Scheibenwischer in Ordnung

Sie könnten den seltsamen Riss im Scheibenwischerblatt zwar als unbedeutend und nicht der Rede wert abtun. Doch wie Sie nach der Lektüre dieses Buches vielleicht schon ahnen, wären Sie mit dieser Einstellung auf dem Holzweg.

Im besten Fall kommt Ihr Auto mit einem kaputten Scheibenwischer nicht durch den TÜV. Im schlimmsten Fall wird die Windschutzscheibe durch die Risse verschmiert, sodass Sie nicht sehen, wohin Sie fahren, und vielleicht im Straßengraben landen. Das wäre schrecklich, und deshalb sollten Sie beim ersten Anzeichen von Schlieren schnell eingreifen.

Schritt 1: Stellen Sie den Motor ab, und begutachten Sie den Schaden an jedem Wischblatt, auch beim Heckscheibenwischer und bei denen auf den Scheinwerfern. Wenn Sie Risse entdecken, messen Sie die Länge der Wischblätter und kaufen Sie exakt die gleichen als Ersatz. Heutzutage werden die meisten Wischblätter bereits fertig montiert verkauft, und dadurch wird die Reparatur leichter, als wenn Sie nur das Gummiteil ersetzen müssten – das kann nämlich eine ziemliche Fummelei werden.

Schritt 2: Legen Sie die Ersatzwischblätter als Anhaltspunkt auf die Motorhaube unter die defekten

Wischblätter. Spreizen Sie den Wischarm von der Scheibe ab, bis er vertikal einrastet, sodass Wischblatt und Arm ein T bilden.

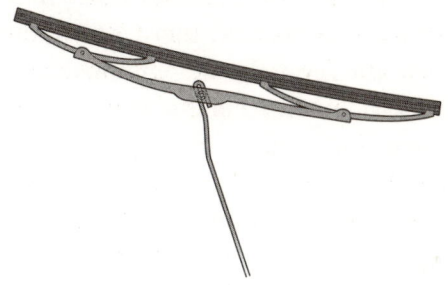

Schritt 3: Entfernen Sie das alte Wischblatt mit der Hand oder mit einem Schraubendreher, und legen Sie es beiseite. Befestigen Sie jetzt das neue Wischblatt, indem Sie die vorherigen Schritte in umgekehrter Reihenfolge ausführen. Klappen Sie dann den Scheibenwischer zurück, feuchten Sie die Windschutzscheibe an, und prüfen Sie, ob er wieder normal funktioniert. Wenn nicht, vergewissern Sie sich noch einmal, ob er wirklich richtig angebracht ist.

So wechseln Sie einen platten Reifen

Oder auch: »Wie bringe ich einen Ersatzreifen an, statt den Abschleppdienst zu rufen, der mir für seinen Einsatz eine Menge Bargeld abknöpft?« Sie werden sehen, es ist kinderleicht, wenn auch ein bisschen vertrackt...

Schritt 1: Wenn Sie merken, dass Sie einen Platten haben, bremsen Sie auf Rentnergeschwindigkeit herunter (ungefähr zehn Stundenkilometer), damit der Reifen nicht weiter beschädigt wird, und fahren an einer sicheren Stelle rechts ran. Stellen Sie den Motor ab, schalten Sie die Warnblinker ein und ziehen Sie die Handbremse an. Bei einem Auto mit Schaltgetriebe legen Sie den Rückwärtsgang ein, bei einem Automatikwagen wählen Sie die Parkposition »P«.

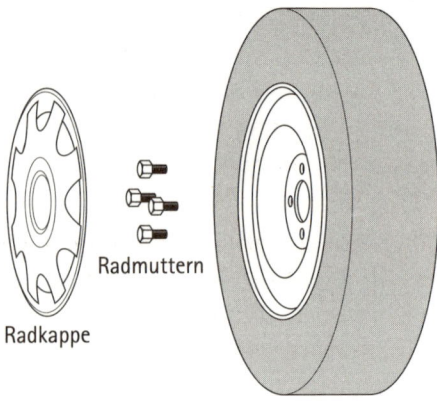

Radmuttern

Radkappe

Schritt 2: Laden Sie alles Gepäck aus, und bitten Sie Mitfahrende auszusteigen, damit das Auto leichter wird. Stellen Sie ein Warndreieck auf, damit andere Fahrer Abstand halten.

Schritt 3: Suchen Sie den Ersatzreifen (er befindet sich normalerweise unter einer Abdeckung im Kofferraum und muss komplett aufgepumpt sein), die wichtigsten Werkzeuge – einen Radschlüssel und einen Wagenheber – und natürlich die Betriebsanleitung fürs Auto. Lassen Sie den platten Reifen fürs Erste da, wo er ist, aber stemmen Sie die Radkappe ab – entweder mit einem flachen Schraubendreher oder notfalls mit einem massiven Schlüssel.

Schritt 4: Lockern Sie die Radmuttern mit dem Radschlüssel, indem Sie sie eine halbe Drehung gegen den Uhrzeigersinn drehen. Lockern Sie sie diagonal, damit der Reifen stabil und symmetrisch bleibt – das heißt also: Lockern Sie eine Mutter und dann die diagonal zu ihr liegende. Sollten die Muttern besonders fest sitzen, geben Sie etwas Öl darauf und lassen Sie es ein paar Minuten einwirken.

Schritt 5: In der Betriebsanleitung sollte der sicherste, stabilste Hebepunkt aufgeführt sein, an dem Sie den Wagenheber ansetzen können. Lesen Sie in der Anleitung nach, und bocken Sie das Auto mit dem Wagenheber dann so weit auf, dass der Wagen angehoben wird, der Reifen aber immer noch Kontakt mit dem Boden hat. Schieben Sie dann den Ersatzreifen unter das Fahrzeug, damit er den Schlag abfangen kann, falls das Auto vom Wagenheber abrutscht. Bocken Sie das Auto noch weiter auf, bis der Reifen gerade eben den Kontakt mit der Straße verliert. Schrauben Sie dann die Muttern paarweise diagonal ab, und legen Sie sie beiseite.

Warnung!

Es ist lebenswichtig, dass Sie Ihren Ersatzreifen genauso gründlich inspizieren wie die anderen vier Reifen. Sie müssen darauf vorbereitet sein, irgendwann einen Reifen zu wechseln – und das unter schwierigen Umständen. Machen Sie sich damit vertraut, wo Wagenheber, Ersatzreifen und Felgenschlüssel untergebracht sind, bevor Sie sie benutzen müssen. Vergewissern Sie sich, dass Sie einen Radschlüssel sowie einen aufgepumpten Ersatzreifen dabeihaben, und Sie sollten auch wissen, wo sich die Radsicherung befindet, falls dies zur Ausstattung Ihres Autos gehört.

Falls Sie ein platzsparendes Reserverad statt eines normal großen haben, bedenken Sie: Es hilft – wie der Name schon sagt –, Platz zu sparen, und Sie kommen damit bis nach Hause, aber Sie sollten keine längeren Strecken damit zurücklegen. Viele dieser platzsparenden Reifen sind für Geschwindigkeiten über 80 Stundenkilometer nicht geeignet; Genaueres dazu finden Sie im Handbuch für platzsparende Reserveräder oder in der Betriebsanleitung Ihres Autos.

Schritt 6: Nehmen Sie den Reifen herunter – er ist schwer und ölverschmiert und es hängen unter Umständen Kadaverreste daran. Legen Sie ihn zur Polsterung unter die angehobene Autotürschwelle – natürlich erst, nachdem Sie den Ersatzreifen herausgezogen haben. Stecken Sie den heilen Reifen auf die Nabe, und zwar richtig herum. Setzen Sie die Muttern wieder diagonal ein, und ziehen Sie sie provisorisch mit den Fingern fest. Lassen Sie das Auto wieder herunter, bis der Reifen den Boden gerade eben berührt, und befestigen Sie die Muttern nun richtig mit dem Radschlüssel.

Schritt 7: Laden Sie den kaputten Reifen in den Kofferraum, lassen Sie das Auto ganz herunter, und entfernen Sie den Wagenheber. Packen Sie Gepäck und Mitreisende wieder ins Auto (Warndreieck nicht vergessen!), dann Blick in den Rückspiegel, Blinker setzen, und weiter geht die Fahrt.

Danksagung

Ein großes Dankeschön an alle beim Verlag Michael O'Mara, ganz besonders an Hannah Knowles, die das Buch trotz der vielen sinnlosen Tipps geduldig redigiert hat, und an Toby Buchan, Ana Bjezancevic, Ana Sampson und Florence Hallett. Ohne euch gäbe es dieses Buch nicht und die Leser würden nur auf ihre leeren Handflächen starren.

Register

Die gefetteten Stichwörter weisen auf Reparaturen hin, die mageren auf Werkzeuge, Materialien etc.